MINDWANDERING

How Your Constant Mental Drift Can Improve Your Mood and Boost Your Creativity

開始分心，就是快要變強了

哈佛醫學院的「思緒漫遊」講座，

如何用分心提升思想的廣度與創造力，還能使心情平靜而愉快

Moshe Bar PhD

墨實·巴爾博士——著

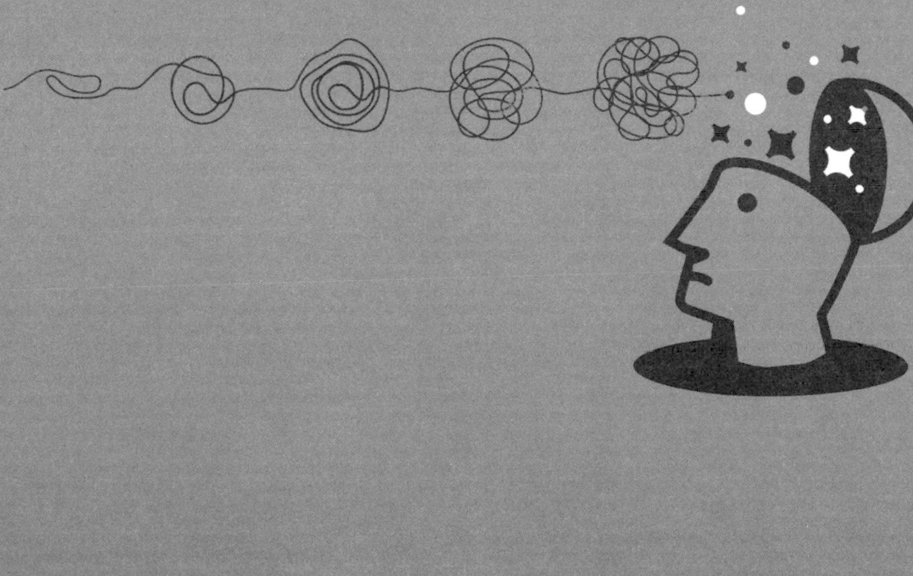

目次

目次

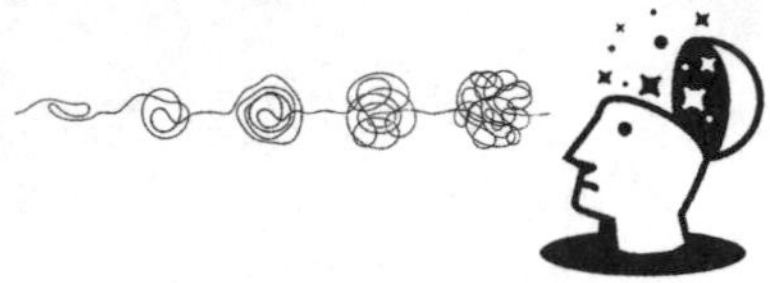

導言　分心時在想什麼

熱愛莎士比亞的演員凱蒂．奧斯本（Catie Osborn）有次談到性愛、性癖和注意力不足過動症（ADHD）的時候坦言，自己在接觸「非傳統的特殊性愛形式」之前，經常會在做愛時想著別的事情。她接受《國土報》（Haaretz）訪問，提到「性癖」和BDSM昇華了她的身心體驗，幫助她把「思緒」和「身體」連結起來。當性伴侶用冰塊滑過你的身體，或將熱蠟油滴在你的皮膚上，被蒙上雙眼的你，不會注意到空調的噪音或床板的吱嘎聲，只會全然沉浸在此刻的真實、美好。沒錯，極致的體驗能使你的全副心神都投注在其中。不過，一旦你學會全然的放手，單純讓體驗牽引著你，那麼，就算是在日常的場景當中，你也可以體會到這種全然的沉浸感。想像一下那會是什麼樣的感覺：就算吃一顆小藍莓，也能使你渾然忘我，所有紛雜的思緒瞬間全部蒸發。「沉浸感」是份恩賜，它在我們腦中靜靜等候我們使用它。

我們都知道，隨時會出現的「思緒漫遊」（mindwandering）會使我們無法專注。今天我們的生活越來越忙亂，人們也越來越擔心自己的心理經驗品質的高低——不只是專注完成工作，還包括能不能好好體驗、享受生活。幾年前，《紐約時報》刊登了一篇我寫的專欄文章〈想得少一點，想得好一點〉（Think Less, Think Better），那時我才知道原來大家這麼在乎心理經驗品質這個問題。文中說：「人在思緒混亂時會忽略很多東西，不只是現實世界的人事物，也會忽略自己的內在潛能。」這篇文章引起了廣大共鳴，但我的重點是：為什麼我們的思緒會飄走？為什麼思緒漫遊對我們的身、心都有很大的益處？（不可否認，思緒漫遊有時候對我們是有害的）。

如今大家都很關切要用什麼方法遠離喧囂，這點絕對值得讚揚，本書中也會分享我從「冥想靜修」所獲得的正面經驗。不過，神經科學近年來已有一系列研究告訴我們，人類此刻面臨的最大挑戰是**如何不受心中雜念所擾**：就算環境再安靜，也無法阻止腦中的雜念跑出來擾亂我們的注意力，傷害我們的體驗品質。事實上，雜念似乎更容易在安靜的場合出現。

研究指出：人的大腦本質上就十分活躍。在「預設模式網路」（default mode network，簡稱 DMN）的大腦網路裡*，有好多相連的腦區時時刻刻都在運作，進行著各種無意識的活動：**做白日夢、自我對話、反覆回想過去的事、擔心未來等等——學者把這些活動統稱為「思緒漫遊」**。這些吵吵鬧鬧的內心活動，會使我們無法專注在「當下」，影響我們的體驗品質，導致心情變得低落，甚至會感到焦慮或憂鬱。但它自有它存在的道理。演化過程中，人類大腦顯然學會了如何「思緒漫遊」。研究指出，人類清醒時，有百分之卅到百分之四十七的時間都在思緒漫遊，

*作者按：一般認為，大腦的預設模式網路DMN 包含大腦的內側前額葉皮質（medial prefrontal cortex）、後扣帶皮質（posterior cingulate cortex）和角迴（angular gyrus），另外還有部分腦區在特定時候才會被歸類在這個大範圍的巨大網路當中。

消耗了大量能量[1]。從演化角度來看，胡思亂想肯定替人類帶來了某些好處，而我在過去數十年間，已和其他神經科學家找到了一組思緒漫遊的關鍵功能。

有一系列的研究顯示，大腦有些預設的活動與我們「自我意識」的發展有關（透過各種反思、監控等發展出自我意識）；另一系列的研究則指出，很多大腦預設模式的活動則與「評定他人」有關——試圖釐清他人在想什麼，以及他人如何看待我們。而這些能力又被稱為「心智理論」（Theory of Mind，簡稱 ToM，或稱心智理論能力）。

隨著這些研究成果相繼出現，後來我發現在我的研究領域「視覺認知」（visual cognition）裡面，大腦預設模式網路DMN也會高度參與「視覺認知」的處理。我本來想釐清的是，「人類會如何拼湊環境中的視覺線索，去建構我們對所見事物的理解」。在一項研究中，我請受試者辨識照片中的模糊物體，結果發現，如果給受試者看的是出現在浴室裡的模糊吹風機影像，他們會將影像辨識為「吹風機」；但同樣的模糊影像若出現在到處都是工具的工作檯場景中，他們會說這個模糊影像是電鑽[2]。從這個實驗中，我發現受試者在辨識物體的時候，會試著建立

「物體」和「周遭事物」之間的關聯。為什麼人在視覺認知裡的聯想活動所運用到的大腦網路，同樣也會用來發展「自我意識」和「評定他人的能力（亦即，心智理論能力）」呢？

後來我靈光一閃想到：所有這些心智歷程都跟「建立關聯」有關。研究指出，「自我意識」很大一部分是在做預測；預測我們自己是誰，預測我們在不同情況下會如何思考、感受、反應。我們一直在將「過去的自己的想法、感受和反應」，連結到「現在和將來的自己在類似情況下會如何反應」。我們也會通過類似的機制去評定他人。「關聯」是絕大多數心智運作的構成要素。

這就是為什麼每當大腦的預設模式網路啟動了「思緒漫遊」的時候，我們經常會從「當下」抽離，想到「過去」和「未來」。我們會回到記憶中去尋找各種關聯，以便幫助我們解讀當下生活中正在發生的，或未來可能發生的事件，同時專注於做出各式各樣的預測。隨著我繼續深入研究大腦在預設模式網路活躍時在想些什麼，我發現，大腦經常會創造出各種各樣「未來可能發生什麼」的詳細場景，像一部又一部描繪未來生活事件的小電影。這也難怪大腦的預設模式網路DMN會佔用我們這麼多的精神能量，畢竟，解讀各種狀況、建立自我意識、努力去理解他人、預測事態可能如何發展以提前做好準備等等，都是我們生存的必備能力。

問題是，**我們常會太投入思考過去、預測未來，或是太依賴那些我們從過去經驗建立起的各種關聯性，導致我們很多時候會和「當下」脫節**。這不僅干擾了我們的注意力，也會導致我們做出各種誤判，給生活帶來麻煩。好比說，我們可能會因為某個人讓我們想起了另一個人，而誤以為這個人不值得信任；或者可能會因為老闆的行為讓我們生出錯誤聯想，以為他對我不滿，於是我就產生了不必要的焦慮，開始擔心會被解雇等等。此外，太過專注在過去或未來，也會讓我們喪失「感知新奇事物的能力」。我們太想去看見事物之間預期的關聯，於是就忽略掉了意料之外的關聯——這樣會阻礙我們發現和創造的能力。

後來，我將所有與大腦預設模式網路和「思緒漫遊」有關的研究仔細讀了一番，突然有了個突破性的領悟：人類其實並不想阻止思緒去漫遊——這是好事，因為要阻止幾乎是不可能的。我們想做的，是讓自己搞懂**思緒會在什麼時候以什麼方式漫遊**，這樣我們就可以更有效地將「思緒」盡可能的往自己期望的方向引導：

當我們需要認真處理眼前任務的時候，可以好好專注；在該好好體驗時，讓自己真正、深刻地沉浸在當下的體驗當中；在希望能激發出創造力和好心情時，盡量讓思緒無拘無束地四處漫遊。簡而言之，我們希望「思緒」在對的時間處在對的狀態。

要做到這點，我們首先要知道的是：思緒之所以會漫遊，主要是為了幫助我們利用過去經驗累積出的記憶，找出方法來解決我們此刻在工作或生活中遇到的問題，此時我們的注意力是**向內運作**的。

但我在實驗室中發現，我們其實可以用一些方法誘發出「廣泛聯想的思緒漫遊」，**讓思緒大範圍地向外探索，對新奇的感知保持開放態度**。這種類型的思緒漫遊，跟高度專注於某段記憶、某種擔憂的「反芻性思考」正好相反。

又因為有文獻提到「反芻性思考」會導致心情低落，於是我進一步探討，人在進行「廣泛向外探索的思緒漫遊」時，心情是不是會比較好。結果發現確實如此！光是單純地閱讀一組「不斷拓寬思考範圍」的詞彙，例如「狼→月亮→月球背面→平克·佛洛伊德（Pink Floyd）之〈月之暗面〉專輯→平克·佛洛伊德之〈牆〉柏林圍牆演唱會→德國→歐盟」，就能明顯讓心情好轉。這個突破性的發現，其實不難解釋，而我們也正在利用這個方法去緩解各種與憂鬱、焦慮、壓力有關的症狀。後來我進一步研究：人的心情好轉後，大腦是不是也會開始進行範圍更廣的思緒漫遊。結果發現確實會！多麼令人意外啊！原來兩者是互為因果的。

然後我又接著猜想：如果某個人心情好轉、大腦開始進行廣泛的思緒漫遊，那麼，他在處理我們交辦的任務時，是不是也會提出更有創意的解決方案呢？結果也確實如此！這些令人振奮的研究結果讓我意識到：**思緒會不斷遊走在兩種相反的基本心智狀態之間**，這兩種相互對立的基本心智狀態，我稱之為「探索狀態」和「利用狀態」，而在這兩種狀態底下，思緒的漫遊程度和漫遊方式是不同的。

♪

在探索狀態下，大腦會對新奇資訊保持開放態度——會去體驗、觀察當下，也會願意為了學習新事物而忍受不確定性；這種狀態也會激發我們的創造力，讓我們有比較愉快的心情，而如果我們的思緒在這種狀態下漫遊起來，我們的心情會是愉悅的，想法會是無拘無束的。

在利用狀態下，我們會專注於借鑒過去經驗、依賴過去有效的方法來解讀外界情境並解決問題；比起新的刺激，我們更傾向選擇熟悉的確定感。在利用狀態下，我們的心情是比較低落的，而如果我們的思緒在此時漫遊起來，漫遊的範圍比較狹隘。

簡而言之，「探索狀態」是向外運作的、自下而上的、體驗式的；「利用狀態」則是向內運作的、自上而下的、程序性的。心智狀態並不是長期停留在這兩個極端之一，而是在不同的時間點，會比較偏向其中一端。

雖然「探索狀態」聽起來比「利用狀態」有趣得多，但兩者對我們的成功和福祉都不可或缺。重要的是，**遇到不同的任務或體驗時，我們要讓自己調整出最適合當下狀況的心智狀態**（state of mind，簡稱 SoM）。例如，帶孩子去度假時，我們會希望自己盡量處在自下而上的、廣泛的「體驗模式」，充分享受和孩子的共處時光，而不要一直分神想到工作；但如果我們必須在明天早上交出報告，我們就會希望自己處在自上而下的、狹隘的「專注模式」；如果我們正在構思一個大的創意

（例如發想一件新產品），則我們會希望自己處在廣泛聯想的思緒漫遊模式。

大腦非常靈活，已有很多研究證實了這點。大腦的靈活性不僅是人類演化的要素，也是我們能生存的關鍵。雖然世上沒有什麼神奇秘方能讓我們操控大腦，但我在研究中發現：只要我們能意識到「我必須依據眼前的狀況，去調整或『校準』當下的心智狀態」，亦即讓它依據外界狀況，更偏向「探索狀態」或是「利用狀態」，則我們會比較有可能成功做到。在本書中，我除了重現我和其他神經科學家如何踏上這趟令人振奮的心智之旅、得出各種研究發現，也將針對**如何更好地控制自己的思緒，使它處於我們想要的狀態**這件事，分享一些知識。在附錄中還有些歸納整理，讀者若希望把這些秘訣應用到日常生活中，可以進一步做出個人的探索和調整。

而「正念冥想」為我帶來了很大的幫助，因此，書中我也將分享「靜修」如何協助我提升對心智狀態的覺察能力，幫助我將心智狀態往我期望的方向引導。此外我也會提到，「冥想」和極高程度的「正念」在優化我們心智狀態的同時，會有哪些侷限（例如很多人在正念訓練當中感到不愉快）。科學研究對此也提供了一個解釋：冥想是一種極為狹隘的思考活動，與廣泛聯想的思緒漫遊截然不同，所以冥想會給人某種程度的不快。而且若我們嚴格要求自己保持正念，則會讓自己變成生活的觀察者，無法全然投入人生，無法享受那些稍縱即逝的體驗。正念的優點很多，我也建議大家都去嘗試一下，但我們的生活中也必須享受一些「完全沉浸在當下」的時刻。

不過，即使今天的我已經對思緒有了更多掌控，我依然無法阻止思緒在我不希望的時候漂走，自己跑去漫遊了。我們的思緒無時無刻、或多或少都在漫遊。對我來說，我的研究最大的貢獻就是：讓我在思緒漫遊時，不再感到那麼大的壓力——因為我知道思緒為何會漫遊。

不久前我和史丹佛大學一位我非常崇敬的教授在咖啡館一起午餐。聊到一半時，他說他想跟我分享一件事，這件事徹底改變了他的思考和生活方式。儘管這段話聽來如此重要，他分享時，我的思緒依然不知飄到哪裡去了。猛然回神，我很不好意思地告訴他：他剛說的那段話，我沒聽見。當時他困惑極了，不懂為什麼我怎麼會這樣回應，於是我連忙轉移了話題。不過我在此可以開心跟各位讀者分享的是：當時我想到的，是一些生活中的趣事。確實，思緒會很任性地四處漫遊，但它通常至少會有個目的。

第一章　永遠在「開機」狀態

大腦掃描技術問世之前，大部分的神經科學研究都有點像是十九世紀流行的「顱相學」（phrenology）：根據一個人頭骨的形狀，去推斷他有什麼樣的心理特徵。確實，長久以來，科學家在研究大腦內在運作時，是假設大腦的各個腦區會負責不同的任務：有的區域負責語言，有的腦區負責記憶，其他區域分別負責辨識面孔、感受情緒等。

後來我們慢慢發現：大腦的運作和結構其實沒有那麼模組化，不會那麼精確劃分，而是會是分散在大範圍網路中的各個區域。大腦要發揮功能，需要協調多重區域網路以及各種短程和長程的合作，因為單靠某個腦區（更別提神經元）是很難做到的。

在討論「思緒漫遊」這個主題，以及負責運作思緒漫遊的大腦預設模式網路（以下簡稱DMN）時，我們也要知道：不同的心智狀態（如冥想和睡覺時的心智狀態不同）和精神狀況，都會影響DMN這個網路承載的資訊內容，以及各皮質節點之間的連結程度。這個巨大的網路由好多個腦區構成，在不同狀態下，腦區的連結程度、同步程度，以及相互影響的程度都不一樣。所以，我們現在也知道大腦的運作方式和特徵，是非常活躍而靈活的。

但要說充分認識大腦，其實科學家連最基本的神經功能都還不怎麼了解。我最初知道這件事的時候，感到相當震驚，當時我剛唸完電機工程，我的教授西蒙・烏爾曼（Shimon Ullman）是「電腦視覺」（computer vision）的研究先驅——這是研究「如何模仿人腦去再現和辨識圖像」的領域，當年大家都搞不懂這是如何做到的。可惜時至今日，我們依然沒有得出多少關於大腦如何識別圖像的硬知識，有的只是一些初步的有趣理論。

接著我去了另一位先驅學者歐文・畢德爾曼（Irv Biederman）的實驗室，在那裡做更廣泛的認知心理學研究。當時有一個新的研究領域剛出現——功能性磁振造影（functional magnetic resonance imaging，簡稱 fMRI）技術，成為研究大腦的重要新方法。在此之前，「磁振造影」（MRI）設備已經存在了很久，主要用於醫療，利用磁場和射頻電波去對生物組織、骨骼和身體器官等解剖結構進行成像。而「功能性」的磁振造影技術是神經科學家一直渴望有的突破。fMRI 的功能性應用，讓我們能通過測量血流去推斷大腦活動在何時何地發生；我們可以將實驗參與者送入 fMRI 機器，要求他們完成看圖、聽聲音、數羊等各項任務，藉以獲得他們的大腦活動圖；我們可以觀察正常且正在運作中的人類大腦。當然，我們獲得的數據，是大腦活動的「代理指標」，而非實際的大腦活動，而且數據解讀也可能很主觀。作為研究者的我們需要留意這些，但這不影響 fMRI 的革命性地位。這是一趟非凡的旅程，我們如同夜裡拿著手電筒在森林裡漫遊的旅人，在心智的道路上探尋著，很快，我們通過「神經成像」（neuroimaging）遇到了第一個重大發現。

大腦預設模式網路（DMN）的發現

後來，我去了哈佛醫學院，當時有好幾位學者正在進行一些重要的研究工作。我去的時機很剛好，前不久正好有個重大發現：科學家在神經成像技術的幫助下，發現了大腦的「預設模式」，也發現「思緒漫遊」是日常生活中相當普遍的現象。

fMRI 的發明具有劃時代意義，因為它意味著，我們再也不必用動物大腦類比人腦，不必研究死者大腦，不必通過頭部或腦部創傷案例（像是著名的費尼斯·蓋吉Phineas Gage意外事件，以及西班牙內戰的槍傷案例），去推斷健康的大腦會如何運作。也不必要在種種限制下，去紀錄病人腦部手術前或開刀時的狀況。我們還可以得到美麗的彩色圖像——神經元活化圖。

要如何讀懂這些色彩繽紛的fMRI圖像呢？這些彩色圖像通常是將兩種不同實驗情境誘發出的大腦活化區域「相減」後得出的結果。想像一下，有個跟「情緒處理歷程」有關的研究，主要探討我們在看到快樂和悲傷的臉孔時，大腦分別會做出的反應。受試者躺在滑動式的MRI床板上，頭部周圍罩著一個大型射頻線圈，機器會發出高頻巨響，溫度很低。受試者必須要注意觀看螢幕投放出的影像，而每次測試影像投放出來時，fMRI 都會去偵測訊號，而將同一個實驗情境（快樂的臉）誘發出的所有試驗結果平均，減去另一個實驗情境（悲傷的臉）誘發出的所有測試結果平均，就會得出fMRI圖像。

在不同的實驗情境之間（以我們的例子為例，就是悲傷和快樂的臉孔），通常會有個短暫的休息區段，在這個區段，受試者會看到空白的螢幕，或在螢幕中間看到一個注視點。這麼做的目的，除了是要恢復MRI訊號以供分析使用，也是為了要讓實驗參與者在實驗的不同區段之間稍微休息一下。現在重點來了：雖然大家不會真的以為大腦在休息區段時會靜止不動，但隱含的假設是：實驗參與者在休息、不需要執行吃重的任務時，大腦的活躍程度會低得多。

可是研究者在偶然的情況下，查看了大腦在休息區段時的活化圖，發現受試者在沒有執行特定任務時，大腦依然非常活躍，而且在一個巨大網路中——也就是DMN——大腦通常會比在進行實驗時更加活躍。

學界一般會將DMN的意外發現，歸功於馬庫斯・賴希勒（Marcus Raichle）等人[1]。後來，這個網路被稱為「預設網路」，這類活動被稱為「預設活動」，這種狀態被稱為大腦的「預設模式」。DMN自發現以來，很多實驗室、實驗範式、

MRI機器都能輕易發現到並複製出類似結果，如今，DMN已經是公認的可靠發現。

在fMRI剛發明的前幾年，學界相當振奮，不過現在我們已經清楚知道：fMRI所檢測和得出的結果，都是大腦活化的「間接資訊」，而且有時候會出現不一致的狀況。事實上，許多人對 fMRI 的研究保持著合理的存疑態度，近期就有一個極具代表性的研究案例：七十個獨立研究小組分析完全相同的數據集，卻得出不同的研究結果[2]。如今，神經成像研究和隨之而來的論述越來越多，知道有這些合理懷疑是好事，不過，重點在於，大家並未質疑DMN的存在和它的運作。DMN是遍布在大腦各區的巨大網路，研究結果也很容易複製，這讓我們可以繼續去深入研究它的功能和特徵。

DMN的發現引起了極大的轟動。我們知道神經活動會消耗大量能量。那為什麼大腦會在看似什麼也沒做的情況下，消耗這麼多代謝能量呢？我在哈佛擔任博士後研究員的時候，神經科學家才正試圖要去找出DMN可能有的功能。神經科學家利用有趣的「思考取樣」和「腦部顯影」技術，發現DMN越活躍的時候，大腦就越會去「思緒漫遊」。

後來，我成為了神經科學家。在這個迷人的研究領域當中，我信奉兩個真理：第一，演化是不會出錯的。我們在大腦中看到的一切都有它存在的理由和功能。人們在一開始發現幻覺、各種視盲、細胞自殺、假記憶等匪夷所思、甚至是有點逗趣的現象時，經常會以為自己抓到了大腦的失靈現象，可是後來卻發現：這些現象其實反映出大腦更強大的力量。想要大腦靈活、適應力強、敏捷、效率高，勢必得付出一些代價。*所以，就我們討論的DMN而言，當我們並不忙於某項特定任務，只是在排隊、沖澡，或聽些無聊的內容，大腦此時依然相當活躍，而且會消耗大量能量。知道這點，我們就應該知道：這個腦部活動肯定扮演了某種重要角色。

---

*事實上，我在被問到「為什麼模仿人類大腦運作的人工智慧演算法，跟大腦實際的運作模式不同？」的時候，我的回答是：現在的人工智慧仍然偏向工程學而非神經科學；人工智慧系統是通過嚴密而能完成特定目標的「邊界」去讓電腦執行任務，而且幾乎不容許例外和臨場發揮，因此，它缺乏人類大腦較隱微、卻極其關鍵的特質，像是靈活性和獨創性等

我信奉的第二個真理是：大腦總是會將「真相」告訴喜歡追根究底的科學家——這是當我還是個天真的博士後研究生時就牢記在心的，至今依然深信不疑。我認為：如果解釋不通，是因為我沒有問對問題，或者問的方法不對。大腦通常不會主動提供訊息，但答案就在那裡，等待著我們去發現。

那麼，**我們不忙的時候，這個不斷在運轉而且總是處在「開機」狀態的大腦在做些什麼呢？**在接下來的章節中，我會介紹人類如何一步步認識DMN和思緒漫遊，並揭露出它們的功能。這是一段充滿困惑，卻又令人倍感興奮的發現之旅，你也會看到各種看似不相干的研究成果如何串連在一起。現在，我們就先來認真檢視一下我們的「想法」吧。

第二章　認識我們的「想法」

雖然我們不太常想起自己的「想法」，但「想法」卻是我們的心智與思緒漫遊的構成要素。「想法」是我們從一個概念轉換到下一個概念的方式；想法可以是語言的、視覺的，或其他形式；想法的速度可快可慢，也可以橫跨多個主題。「想法」來自於我們已經知道、儲存在記憶中的事物，經常會以「自我內心對話」的方式出現，而且想法會有不同的「情緒效價」（emotional valance）。「想法」是我們「內在世界」和「意識頭腦」的交會和轉譯，它可以用來與外界溝通，也可單純放在心中。

想法的來源

如果有特定目標，像是要解決某個問題，那麼，「想法」會循著某種程序和清晰的架構去發展——連貫地向前推進，不斷累積，朝著特定目標前進。「規劃」就是一個好例子。以「修椅子」為例，假如你家中有把椅子壞了，而你盤算著明天早上自己來修，這時你會想到你要準備的工具，像是黏膠、鎚子、粗鉋、木鑿、鋸子和砂磨塊等；你會沿著記憶裡的「概念網」去思考，挑出相關和必要的物品；你會意識到你需要防護手套，所以要先去買雙新的；你可能會想到自己要在哪裡修椅子、修椅子的順序；你可能會完整模擬出要修好椅子的步驟、你要等家人都出門後再開始修，以及你女兒回家後看到自己心愛的椅子修好時會有什麼反應等等。整個思路有起點，也有終點。

有時候我們比較容易聯想，也比較容易分心。以剛才的修椅子工具清單為例，想到木鑿時，你可能會分心想到《木偶奇遇記》的人物傑佩托（Geppetto）和皮諾丘（Pinocchio）、想到鼻子變長和說謊，然後想到你兒子曾經騙你說他已經遛完狗了，接著，你可能會想到有兒子和這隻狗陪伴你是多麼幸運的事；可能會想到孩子多麼愛玩，但你每天回家後看到孩子總是心情變好。想著想著，就再也沒有想回修椅子的事了。

我們清醒的時候，思路其實可以相當綿長，中途不斷變換主題、速度、風格、方向、內容等等，但思路連續不斷出現，中間並沒有真的停頓。

我們的想法怎麼來的？是什麼決定了我們接下來會想到什麼？這些主題至今學者仍在研究。我們可能會誤以為自己能完全主導自己的想法，其實不能。想法混雜著意識和潛意識內容，彼此會互動、交流、相互觸發各種處理歷程。我們可能會以為自己很了解「我是怎麼想的」，我可以說出自己的想法哪來的，以及上一個想法是如何連結到下一個想法的；我們認為自己是想法的主人和監督者。但這種錯覺是很天真的。

你走在街上，想起昨天晚上讀到的一篇文章，然後突然發現自己想起了一位多年未見的高中老師，但她和你前一秒正在想的事情並沒有明顯連結。我們經常會誤以為自己能主導自己的想法，所以我們大多數人無法接受「原來想法會被某種我們沒有意識到的事物觸發」，於是會去編造連結，或相信某個想法是自發地從腦中冒出的。

但沒有「自發性冒出來的想法」這種事。想法不會憑空出現。每個想法都跟某個事物有關，只是有時候，我們意識不到它們的連結。但想法之間有所連結，不代表思考歷程中，它們在邏輯上會前後連貫。我們的思路可能會因為「外在刺激」（聽見玻璃打碎的聲音，或有人叫我們的名字）或「內在歷程」（想起某件令人情緒激動的事）而被干擾，而且我們不一定能意識到。

所以，你走在那條街上時，或許有某個東西（例如有人戴了副很特別的眼鏡，跟你老師以前戴的很像）勾起了你對高中老師的記憶，但可能因為那個觸發記憶的線索一閃即逝，你還來不及讓意識去注意到它，又或者因為你的腦海中並不知道你所看到（或聽到、聞到）的東西跟你的老師有關，所以無法追溯這個想法究竟是被什麼觸發的。你在無意之間想到高中老師，也不知道為什麼想到她，但你的思緒依然會沿著這條思路一路延展下去。

「想法」在與世隔絕、排除所有干擾的情境下，會如何開展呢？讓我們想像，

「記憶」是一張巨大的網，上面佈滿了各種名字、物體、地點、概念、感覺等等，而它們全部是透過「關聯」而彼此連結起來。我們思考時，就好像是在這張網上行走，從某個節點走到下個節點，從某個「概念節點」（或概念）過渡到另一個「概念節點」——不管你能不能看見，你在途中經過的每個點都跟前後的點有關，而且，因為是一張網，每個節點都可以有好幾個前進的方向，而你的大腦會從中挑選出一個。

舉個例子，如果你覺得自己需要去度個假，那麼，在這張有著各種想法可能的網上，你站在「假期」的這個節點上。接下來，你可以沿著「金錢」這條支線去思考度假要花多少錢，或順著「樂趣」這條支線去快樂的模擬這次會多好玩，或朝著「具體規劃」的方向去計畫出適當的度假時間和地點。每走一步，大腦都需要再次在多種可能之中挑選出下一步——不是有意識地，也不怎麼謹慎，但大腦確實會做出選擇。

不同的想法來源會試圖將你拉往不同的方向，所以在決定接下來要怎麼思考時，它們彼此會相互競爭，最後決出一個獲勝者，成為你的選擇。這些想法來源，包括了你的個性（你是個節儉的人嗎？你喜歡追求新體驗嗎？）、心智狀態、傾向、最近的思考歷史（你一小時前才剛付過帳單，你會比較容易往「金錢」這條支線思考；如果你才剛看到一個美麗小島的度假廣告，你可能會選擇「樂趣」這條支線。我們將這種現象稱為促發priming效應。），除此之外，想法來源也可能包括「我必須逃離眼前這一切」的深層潛意識力量。

雖然在我們的「概念和記憶網路」當中，每個節點都同時跟很多其他節點相連，但彼此之間的連結程度是不一樣的。神經元之間的連結有不同「權重」（weight），代表它們的「關聯強度」。A和B之間的關連強度，決定了「想法A」活化「想法B」——也就是看到或想到「A」時接下來會想到「B」——的可能性、難易度和速度。

這些權重強度可能會受到「學習質量」影響——也就是某個連結（如「紅燈」和「停」的概念）反覆多少次被建立起來；也可能會因為受到先前發生而且能「促發」某種特定聯想的心理事件影響，而出現短暫的動態變化。

如果我們不知道「想法」會被這些決定性的「想法來源」活化——包括過去經

驗的促發效應、潛意識或聯想的力量——就可能（也確實）會在日常生活中出現各種困惑，像是誤以為自己能完全主導自己的想法、擁有自由意志等等。自佛洛伊德和榮格以來，「自由聯想法」就經常被用作是一種主要的治療手段，而且已證實能挖掘出一些潛藏在個人意識底下的想法。「自由聯想法」是讓參與者看一個詞，然後鼓勵他盡快說出第一個浮現在他腦中的東西——不加批判，不加思索。這裡的概念是：在充滿鼓勵又不會讓人緊張的環境下，「想法」最不會被抑制，所以，自由聯想時，一個人聯想到的事物可以提供很多資訊，包括個人的內心運作、深層渴望、深埋心底的恐懼、令人訝異的迫切需求等等。

可是，如果我們試圖要去了解「為什麼我會這麼說」或「為什麼我會這麼覺得」，那就得去考慮剛才提到的、會決定我們接下來如何想的其他想法來源。好比說，如果治療師說了「媽媽」這個詞，而你自由聯想到的回應是「血」，那麼，心理師可能會對你和你媽之間的關係有所警覺。你的治療師的擔憂可能是合理的，但也有可能，你之所以會回答「血」，單純是因為你被另一個想法來源影響（你今天早上打電話給你媽時，你問她要如何去除襯衫上的血漬，因此「血」這個語意概念已經被促發，容易在快速反應時脫口而出）。我們需要先了解「為什麼想法A會導致想法B」，才能得出有意義的結論。

觀察你的想法

我曾經報名一個短期正念課程，包含八個晚上的正念減壓（mindfulness-based stress reduction，簡稱 MBSR）課程，和最後一天的靜修練習。那是我第一次正式去探索自己的內在世界。課前的預備會議上（交代關於文件、上課時要帶些什麼），我們以小組為單位坐在籃球場，圍成一個大圈討論。就在事情告一個段落，我們要起身離開之際，導師突然要我們放鬆身心，閉上眼睛靜默一分鐘，然後跟其他人分享一下我們的感受。

這個看起來很普通、甚至有點傻的練習，短短一分鐘，卻讓我看見了一個全新的世界。一瞬間，我被這個突如其來的暫停、被這個向內自觀的心理調整，以及久違的「對自己身體的關注和感受」所擊中。那陣子我特別忙碌：我剛到哈佛醫學院教書，那裡競爭超級激烈，而我家裡又有年幼的孩子需要照顧等等。我自問：上一次有這種感覺是什麼時候？為什麼這麼長一段時間以來，我都沒有停下來，留一分鐘給自己？這很像我們經常會問的那個老掉牙的問題：「你上一次抬頭看星星是什麼時候？」只是這次我看見的，是我內心那個帶著熱情、專屬於我、等待著我的宇宙。我想去深入了解我自己。儘管我在多年後才跨出這步，但我得到了回報。

課程中，老師鼓勵我們「觀察」自己的想法。剛開始我覺得這太荒謬了，但我決定讓自己如同白紙一般，放下一切的懷疑，把科學家的身份拋掉，所以我不再執著，決定來嘗試一下。我們既然能在鏡中觀察自己的形體，注意到新冒出來的皺紋，然後走開（放下）——觀察、注意、審視，然後放下——那麼，我們也應該能夠對自己內在的想法比照辦理才對。令人驚喜的是，這是個很有趣、很容易，又很貼近內心的體驗，但大部分的人一輩子都不會往這個方向去嘗試。

我們早已習慣認為，自己的思考不會受到「自我檢視」的影響。我雖然稱不上是個很自律的靜修初學者，但我很快就發現：專注觀察自己的「想法」，就像是在對自己做某種心理分析。一開始，腦中盤旋的是自己剛才在想的日常瑣事（以前的旅遊、忘在家裡或辦公室的東西、靜修節數之後你要做什麼、房間裡出現某種氣味、遠處的聲響等等），接著，你開始鑽進一些更早之前的問題、記憶、恐懼和渴望。在一股強大力量的牽引下，你不斷深入思考，最後，你可能發現自己正在笑或在哭。

僅僅是「回溯記憶」這麼簡單的動作，就能喚起你強烈的情緒。而我現在知道，這種狀態不一定要透過冥想機制去觸發；你只要能意識到**自己可以作為一位好奇的觀察者，去檢視自己的想法並從中受益**，那麼在日常生活中（像是在做飯或慢跑時），你也能進入這種狀態。不需要什麼特別的設備、衣服或環境，就只是單純地理解到「我可以審視自己的想法」，就能讓自己更清楚是什麼在困擾著我、什麼會讓我快樂、為什麼我會這麼說、這麼做、有這種感受，也會讓我更能做自己。

而且透過冥想，我們還可能發現到一些自己出於某種原因一直在躲避，或者還沒有能力處理而可以尋求外部協助的想法或記憶。

我顯然不是第一個發現這種觀察自我方式的人。早在數百年前，就已經有各種精神修行、心理分析，甚至是自我探索的活動。我想特別點名一個人：梅莉恩·

彌爾納（Marion Milner）——筆名喬安娜．費爾德（Joanna Field）。她為了追尋幸福，決定跟隨自己的體驗，於是以寫日記的方式，詳細而富洞察力地記下了她的觀察，在自我探索的這路上走了很久、很遠。她在《一個人的生活》（A Life of One's Own）一書當中，細膩地描繪她長達八年的自我探索之旅[1]；通過日記書寫，她發展出一種獨特的內省方法。後來不出意外地，她成為了一位著名的精神分析學家。

我們習慣了讓自己成為想法的奴僕，把自己放在想法的裡面，就在最中心的位置，讓想法幾乎就像是在我們身上施法似的，使我難以控制想法的運作方式以及想法的去向。但我新學到的這種方法（在我之前也有很多人用過），提供了一個新的觀察視角，讓我能從側面去觀察自己的想法。這不算是技能，也不用長時間練習；你只需要改變視角。有兩種可能的觀察視角，一種是置身其中，被「想法」帶著一同經歷高低起伏，像是坐雲霄飛車似的；另一種則像是不必買票的旁觀者，在地面上看著雲霄飛車飛馳。這兩種視角可以切換，從「沉浸參與」切換到「外部觀察」，可能是自動切換，也可能是由你來操控何時切換。久了之後，就變成是無縫自動切換了。

如果我們能將「個人的想法觀察體驗」和「我們對心智（心理學）和大腦（神經科學）所擁有的最新認知」整合在一起，我們會對「自己是誰」以及「自己為什麼會如此」有更新且更清晰的認識。

想法和心理雜訊

在工程和訊號處理領域，有個度量叫「訊噪比」（signal-to-noise ratio，簡稱SNR），用來量化「訊號」和「背景雜訊」的比例。現實環境充滿了各種雜訊：我們在滿是無線電傳輸的環境下接收手機訊號；我們周遭充斥著各種雜亂的、干擾的、變動的、眼花撩亂的事物；我們在酒會上必須費力對抗那些令人分心的聲響和談話聲，才能聽見朋友在講什麼。一個好的設備系統能放大訊號、抑制雜訊，盡可能提高訊噪比，讓你聽見或看見你真正想關注的事物。大腦也一樣，會需要去處理外在和內在世界的訊號和雜訊。

我們會使用「注意力」來過濾外在環境，取得我們想要的外部訊號。「注意力」是個巧妙的過濾器，能讓我們專心關注那些相關的、新穎的、有吸引力的，或可怕的事物。我們不斷被聲音、顏色、氣味等大量物理刺激轟炸，好比說，你在繁忙的街上等公車，這時遠處一輛公車駛來，你想知道這是不是你在等的公車，為了集中注意力，你會忽略大量其他的事物，像是公車旁的汽車、你周遭的事物、喧鬧街道上的各種資訊、令人分心的喇叭聲、身上背包的重量、背景環境傳來的聊天聲等等。但在大多數的時候，我們可以在忽略環境中大部分事物的情況下正常生活。當我們忽略周遭的重要事物，有時候會發生一些很有趣的事，例如，在著名的「看不見的大猩猩」這個實驗裡，那些專心計算著籃球傳球次數的受試者，都沒看到有一隻大猩猩出現在畫面裡。這個實驗的原始設計者是認知心理學之父烏里克．奈瑟（Ulric Neisser）[2]。但總而言之，「選擇性注意力」是大自然賜予我們的強大天賦，能讓我們保持安全，保持理智，保持在高效率的狀態。

「注意力」也可以過濾我們的內在世界。我們可以將注意力集中到某些特定的想法上，忽略（亦即壓抑／抑制）其他的想法。要做到這點，我所知道的最有效方法就是「冥想」。你可以將「冥想」視為「降低心智雜訊、放大思維訊噪比」的過程；它的力量強大，不只能幫助你了解自己的想法，還能讓你至少在一定程度上掌控自己的想法。你願意坐在一輛「它想往哪兒開就往哪兒開」的車子裡嗎？不。那你為什麼同意去活在一個不受你控制的身體裡呢？

我們清除雜訊、提高訊噪比，然後小心謹慎地對待那些被留下來的想法，就像對待客人般（我們確實可以把這些想法稱之為客人）：觀察並標記這些想法，接著大腦就會安靜下來，在這份寧靜中，正念覺察力就活躍起來，讓我們盡可能真實地去感受我們的世界。「冥想」能幫助我們控制思緒，煉淨我們的想法，此外還能讓我們更容易獲得「洞見」（insight）。

「洞見」和「比較安靜的大腦」之間有什麼聯繫呢？心理學研究指出，「洞見」常會不經意地突然出現，幫助我們解決問題，達成各種認知成就。「洞見」就像是潛意識進行了某些處理過程（例如醞釀）後得出的產物。潛意識會默默在意識背後進行處理，如果沒有必要就不會打擾我們，而當潛意識把醞釀之後產出的最終結果傳遞給我們的意識頭腦，我們就會獲得「洞見」。這就像我們把一些無須知道細節的工作外包，然後我們繼續過我們的日子。

等到訊息傳遞回來時，我們需要做好接收準備，可是對於我們這個被各種想法佔滿的意識頭腦而言，要留意到從潛意識深處傳遞過來的微小訊息，其實是很困難的。當腦海被思緒佔滿，會有太多雜訊，導致我們難以察覺到夾雜在其中的「洞見」。藉著清理思維雜訊與提高訊噪比，「冥想」使我們有餘裕可以對更多事物敞開心扉，而我們也是通過同樣的機制去體察內在和外在的環境。

冥想時，你**不只會覺察到自己的想法，更會敏銳覺察到自己的情緒**，特別是那些會轉移注意力、讓你無法專注呼吸的情緒，像是慾望、憧憬、對不同體驗的渴望、憤怒、批評、評判、焦慮、恐懼、不安、疲憊、麻木、懷疑等。但不要擔心，出現的情緒和想法並不全然是負面的。

我常會在冥想時（特別是剛接觸時），發現自己很難在小組中集中精神。我常睜開眼睛就看到一幅奇特的景象：一群陌生人坐得挺直，雙眼緊閉，周圍滿是五顏六色的枕頭、披肩，還有各式各樣能讓大家感到舒適的東西；沒有人說話，但顯然也沒人睡著，也沒醒著，臉上還浮現出獨特的神情，彷彿是被某種內在思緒給迷住了。這種景象真的很少見，大家看上去都跟自己親密極了，我不得不承認，在他們沉浸在如此個人的體驗時，盯著他們瞧似乎不太好。但偶然幾次窺見這種景象，讓我發現到：原來在沒有外在刺激的情況下，我們單憑審視內心，就能經歷這麼多情緒。

呼吸和思考

冥想時，有很多方法可以清理思緒、讓頭腦變得清晰銳利。有個很有名的方法叫「咒語冥想」（mantra meditation），我自己沒有試過，但似乎很受歡迎。還有一個友善的基礎方法叫「身體掃描」（body scanning），我第一次冥想時，就是嘗試這個方法。你坐著、躺著或站著，閉上眼睛，用內心的眼睛去仔細掃描你的身體——從腳趾和指甲下方的空間開始，一路向上掃描，試著用想像力去掃描過身體的每個點。我從來沒有成功一路從腳底掃描到頭頂，但沒關係，正如導師輕聲告訴你的：**思緒會漫遊，而你不必去抗拒；你只需要將注意力拉回，繼續去掃描你的身**

體。

你也可以站著冥想，同時緩慢、細心地去感受腳的感覺，也可以用極緩慢的速度，一邊走路一邊冥想，讓自己專注在自己的身體、腳、腳趾、膝蓋和肌肉做出的微小動作，以及頭部的姿勢等。我發現這是最難的。對我而言，走路會有個目的地，我很難僅僅是為了走路而走路（這可能象徵著我的生活方式）。所以，對我的身體來說，「慢慢走」沒有任何意義——畢竟我的身體很早就習慣了匆忙趕路的人生。而要解除這個陪伴了我一生的「制約」，我需要更多的練習。

你不一定要將注意力聚焦在自己的身體上，你也可以去仔細檢視附近的物體。你應當先選好某個「著陸物件」，然後每當碰到思緒開始漫遊的時候，就讓你的注意力回歸到這個「著陸物件」上。這種基礎方法可以訓練大腦的覺察力，幫助你慢慢減少雜念。因為要覺察出「雜念」，你必須要「先從某事物分心」才行。在冥想情境中，這個「某事物」就是你的「著陸物件」——它可以是你的身體或其他物體；在現實生活中，你的注意力則是從「當下」抽離。

目前最流行的方法是「專注在自己的呼吸」。如果你沒有做過冥想，你聽到這句話的反應大概會是：「呼吸有什麼好注意的？空氣進進出出，無聊又簡單的動作，我能專心多久？」但時間越長，導師給的指引越周延，你的注意力也會越清晰。慢慢地，你會開始察覺到空氣流經鼻腔。空氣是暖的嗎？鼻子會癢嗎？氣息是緩慢綿長，還是急躁短促？你開始注意到空氣從口鼻進入到肺部，再循原路呼出。你的身體姿勢和腹部肌肉會不會影響到你的呼吸？吸氣吐氣：這次呼吸什麼時候結束，下次呼吸什麼時候開始？

神奇的是，不管你選擇去仔細留意哪個目標物，只要真的仔細觀察，就會看到那個物品的無窮細節。我們習慣把生活中常見的事物視為完整的實體，然後賦予它們名字，例如房子、樹木、人、城市、月亮……等等；我們在想像的時候，也是用同樣的方法，讓我們內心的眼睛接收訊息。如果你閉上眼睛開始想像你的車、你家的貓或你的辦公室，你看到的都只是粗略的影像——除非你停下來，刻意去留意細節。但如果你經過一棵樹的時候，稍做暫停，認真觀察這棵原本你沒打算要去關注的樹，那麼會發生什麼事呢？一瞬間，那棵樹有了樹幹、樹皮、樹枝、嫩枝、樹葉、樹芽、葉脈、顏色、小花，就像觀看「分形動畫」（fractal animation）一樣，你會無止盡地看到新的分形；你只需要讓注意力停留，就能看到一層又一層不斷湧現出的細節。

我朋友娜塔莉認真練習瑜伽和冥想很久了，她說，有個課程給了她一個很特別的挑戰，要她整整一天一邊做事，一邊仔細觀察自己的呼吸。這種境界我近期大概做不到，但那聽起來是個很有趣的體驗。我在她身上學到一個新詞：真實的時間（the real time）。我們都知道，人在不同的情境中會對「時間」有不同的主觀感受，無聊時我們會覺得時間過得好慢，開心時會覺得時間過得飛快。但長時間進行高強度冥想，似乎可以讓我們對「時間」有更穩定的感知，能盡量減少我們對「時間」的主觀偏見。「真實的時間」才是唯一有意義的那個時間。

關於我們的「身體感覺」

第一次帶我做靜修練習的導師，是以色列托瓦那洞察協會（Vipassana Tovana）的創辦人史蒂芬・富爾德（Stephen Fulder）。我急著想搞清楚狀況，記得參加靜修才一天，就跑去找他說「我怎麼什麼都沒有感受到」。事實上，我還因為太好奇、太焦慮，在靜修時說話，讓史蒂芬很尷尬。

幸好他沒在意我，還跟我說，我可以先留意我靜坐時產生的想法，對我的身體帶來了什麼影響。我當時不明白他的意思：「你的意思是，想法會影響我的身體？不同的想法會對身體帶來不同的影響？」他笑著說：「當然。你是神經科學家，你只看到了大腦。」他說對了。我以前以為，身體不過是裝載大腦的平台而已。有部超級精彩的原創電影叫《童夢失魂夜》（The City of Lost Children），講述有個科學家為了長生不老，綁架了許多孩子，奪走他們的夢境。電影中，艾爾文叔叔（Uncle Irvin）只是一個裝在水缸中的大腦，但他依然相當聒噪，甚至還患有偏頭痛。我以前就是這麼看待人的存在：一切始於大腦，終於大腦。

不管是在神經科學、哲學還是宗教領域，大家長久以來一直不斷思考著身心之間的互動關係。我們可以在大腦中感知自己的身體，這點毫無疑問，也有大量證據可以佐證。但很多人不知道的是：這種互動關係是雙向的。不管我們的身體接近熱源，還是在搔癢逗樂，身體並不只是單純地去向大腦傳遞感官資訊；事實上，學者指出，來自身體的訊號也會影響我們的大腦[3]。所以請大家知道而且記住這種「身心互利共生的連結關係」。

身心之間的連結，可以用一個很好的例子來解釋：安慰劑現象，也就是「信念」和「期望」可以影響生理健康的現象。不管是在醫學的臨床上還是我們日常生活中，**「信念」都可以改變我們對事件的反應，甚至在不知不覺中改變我們的病理、心理和生理症狀**。在適當的情境下，即使是「惰性治療」（inert treatment）也能具有療效，例如有研究指出，至少有百分之卅的憂鬱症病例可以通過安慰劑獲得緩解[4]。這也意味：不屬於治療本體的「對治療的信任」，可以用來改善憂鬱症狀。另一個類似研究則證實了安慰劑可以緩解偏頭痛的症狀，並協助身體許多部位的疼痛[5]。這就是思維對於我們的大腦和身體具有的影響力。

有一次我去我女兒的幼稚園演講，我問孩子們：快樂、悲傷、嫉妒、憤怒，在身體的哪個地方，孩子們的回答都是「大腦」，只有在問到「愛」的時候，他們回答：在心裡。「愛」會讓你心跳加速，所以我們會很直覺地認為：你在哪裡感受到它，它就存在於那裡。或許也是因為這個原因，以前的人並不覺得所有的感受都發生在我們的大腦中——以前人們對大腦沒有什麼認識的時候，唯一可以觀察到的就是身體的感覺，所以會認為「感受」就發生在身體的某個部位。人會這樣想，其實很好理解。假如有塊灼熱的木炭碰到你的右腳趾，你會很自然地以為「燙的感覺」存在於腳趾那裡——「痛覺」實際上是由大腦的體感皮質區和掌控痛覺的腦區所活化的。為了改善機能，大腦刻意內建了許多這類錯覺，也因為有這些錯覺，所以即使電影院的揚聲器位於側牆和我們身後，我們還是會認為聲音來自我們眼前的螢幕，這就是所謂的「功能性錯誤定位」（functional mislocalization）。

心理學先驅威廉．詹姆士（William James）是最早假定「情緒實際上源於身體」的學者之一，他的情緒理論（後來被稱為詹姆士－朗格理論James-Lange theory）主張我們是在身體中「感受到」憤怒、害怕或喜悅，而大腦會根據身體的感覺去產生相應的情緒認知表徵。這個極具爭議的理論認為：「情緒」不是由大腦發動，然後去決定身體會有什麼感覺，而是身體直接對刺激物（比如碰到獅子，或親人的微笑）帶來的感受做出反應，而身體的變化讓大腦產生了豐富情緒。這不代表身體有自己的思想，而是大腦會感知刺激物（比如顏色、聲音、面孔、微笑等）

的物理屬性，這種基本感知會在身體中引起一些相關的生理反應，而這些生理反應則告訴大腦這是什麼樣的情緒。所以根據這個理論，「情緒」是大腦對身體的生理反應做出的解讀；我們不是因為悲傷而哭泣，我們悲傷是因為我們哭了。

這個理論太違反我們的直覺了。我再多舉一個例子。假如有人很生氣地對著你大吼，此時他的生理特徵，像是聲音多大、臉部表情細節、身體姿勢等，都會被大腦感知並快速傳達給身體。而身體知道這些特徵與哪些反應相關，所以會對這些特定的生理特徵做出相關的生理反應。接著你的大腦會想：我身體後退一點好了、心跳加快、皮膚出汗等。我被嚇到了，而大腦也在此時知道了這個情緒。這個理論有點像在兜圈子，也有些複雜，但我們要知道，許多心理學上的知名人物，包括現代心理學之父和後來的許多心理學家，都將身體視為我們感受的主要來源。

身體的情緒性表達（當然也包括臉部表情）還有另一個重要作用：向他人傳達我們的情緒。就像我們可以從狗尾巴去推斷出狗的心情一樣，我們也可以從人的「整個身體表達」去推斷出更多的情緒。我們未必能意識到自己極富表現力的表情和身體，傳達或感知了多少驚訝、恐懼、警覺、激動、無聊、厭惡等情緒。事實上，因為其他人可以從我們的身體反應讀出訊息，所以我們並不清楚「我們用言語描述出的情緒」實際上對他人有多少影響。

思考的類型

我們一直對「不同字詞的使用頻率」相當感興趣，因為只要計算報紙、書籍、廣播、電視和網際網路中出現頻率最高的詞，就能看出當前的趨勢和大眾在想些什麼。而「思考」（think）這個詞始終都在出現頻率的前一百名（我最近一次去查閱時，發現它排名七十五）。約翰·杜威（John Dewey）在《我們如何思考》（How We Think）一書提到，「思考」是最常見的詞，但這應該是修辭意義上的。但無論如何，我們應該都可以看出，人們經常會討論與思考、想法等有關的議題，而這也不意外，畢竟「思考」是我們生活中最重要的活動之一。

我們經常會將「思考」視為一個「單一且龐大的處理歷程」；主觀上來看，想法似乎來來去去，有時候停留較久，但基本上是在同一個思路上，只是主題變來變去。但想法其實也可以長時間圍繞在相同主題，或者從一個想法跳到另一個相關的想法，涵蓋的語意範圍可窄可寬，速度可快可慢。想法可能是在我們計畫中的，也可能是突如其來、侵入性的；可能是大腦自行想出的，也可能是環境中的刺激物所觸發的；可能是文字、圖像或聲音。

人類有很多不同的思維模式或思考類型。這裡的「思維類型／模式」指的是「思考的過程」，而非「想法的內容」。如果以開車類比，對應的就是「駕車方式」，而非「車內乘客」。我們可能會想到西瓜、跳傘、根管治療或死亡等不同內容，但不論主題為何，都可以用不同的思考方式去思考。我們會有什麼樣的思維模式，取決於我們的自身狀態（例如心情、處於哪種情境），而不同的思維模式可能有助於（或有害於）我們實現不同目標。接下來就讓我們看看幾個主要的思維類型。

聯想性思考 Associative Thinking

我們的思維，是由「概念」所構成的。如同先前提到的，我們可以將「經驗和知識的記憶」看成是一張由各個節點構成的大網，每個節點就是一個概念；想到任何一個概念，就像是前往那個節點，將那個節點代表的概念加以活化——這些概念可以是「紅色」這個顏色、「好」這個詞、「溫暖」這個感覺、「外婆的面容」，或「酥糖的味道」等等。不同的思維模式，代表採用不同的方式在這張大網上前進。

「聯想性思考」指的是「從一個概念，推進到另一個與它有關的概念」。例如你想到一顆蘋果，然後想到牛頓、萬有引力、物理……又想起你的學生時代，接著想到初戀、後來的愛情、你的孩子、你現在年紀多大、再想到要鍛鍊身體等等。想法會在你獨特的、由各個節點與連結構成的網上，持續無縫推進。

大腦中出現的這些聯想，源自於我們在這個世界上的經驗。相關事物（如椅子↓桌子、護士↓醫生）之間的關聯，具有統計規律性，因為這些事物在統計上經常在我們的世界中一起出現，而隨著經驗累積，這些共同出現的規律性就成了儲存在我們記憶中的「關聯」。兩個概念越常相伴出現，它們在大腦中的連結就越強，例如，「叉子／刀子」經常成對出現，「叉子／餐巾」成對出現的頻率較低，「叉子

／湯」成對出現的頻率更低，因此在這個例子中，「叉子」這個節點與「刀子」、「餐巾」和「湯」等節點都有連結，但彼此之間的連結程度不同，因此日後會被一同聯想到的可能性也不同。

將大腦中的事物依照關聯進行分組，有很大好處，不僅能將事物以更有效率的方式儲存在記憶中，也能讓我們日後以更有效率的方式將資訊從記憶中檢索回來。記憶儲存的時候，將「新事物」和「記憶中本就存在的相關事物」一同儲存會比較容易，例如，我們可以將「氣瓶」和「潛水員」以及其他水肺設備等一同儲存，而這種關聯式的記憶儲存方式，會自然而然地讓我們在日後「想在記憶中尋找、檢索資訊時」輕鬆許多。而大腦之所以能夠進行預測，其基礎就在於啟動了聯想：火車聲和火車相關、火焰和高溫相關，這些都能幫助我們利用過去經驗，優化我們與環境之間的互動。

「聯想性思考」的速度可快可慢，但都是藉由「聯想」去延伸概念。速度快時，會有點類似於「瘋想」（manic thinking）的狀態，可能會讓人相當亢奮。「聯想性思考」和許多不同的人格特質、習性、才能和疾患都有關，例如，聯想性思考能力強的人，通常也很有創造力，會提出令人驚嘆的見解或新穎的解決方案；患有注意力不足過動症（ADHD）的人聯想力也很強，而且往往也很有創意（但服藥時創造力會降低）[6]。一個人如果聯想力太強，經常認為某些事物是有關聯的，而大多數人卻覺得這些東西很難（或無法）牽連在一起，那麼就可能會被診斷出患有妄想症或思覺失調等精神疾病。

反芻性思考 Ruminative Thinking

與聯想性思考完全相反的，則是長時間環繞著在某個特定主題，反覆進行思考，我們稱之為「反芻性思考」。反芻性思考是一種圍繞在相同主題、繞來繞去一直重複的思維模式。大腦進行反芻性思考時，會反覆、不理性地以各種不同角度檢視同一個事件或經歷，通常會令人相當痛苦。

例如某人想到昨天錯失的機會、這意味著什麼、我因此失去了什麼、別人會怎麼看我、我本來可以發財但為何要在最後一刻臨陣退縮、唉，我自己從來就不是敢冒險的人、也永遠一輩子都不會有任何成就了吧……然後一再重複想著這些事情。

但如果比較不採用反芻性思考，那麼也許這個人在想到這件事時，會把它當成一個教訓，然後就繼續想別的事了。

卡在同一個主題拼命想，不代表專注。專注時，思考範圍確實也是窄的，但專注時，我們的思考歷程會有進展。例如，我們在解複雜的數學題或設計房屋時，會專注在細節上，但這個思考歷程有開始也有結束。反芻性思考就不一樣了，就只是在兜圈子而已。

我們偶爾都會進入反芻性思考的模式，這很正常，但如果長時間處在這種思維模式底下，那會生病的。例如我們可能會反覆預想著某個未來事件——我的演講還沒準備好、我的投影片很糟、如果空調故障那我滿頭大汗的樣子一定很尷尬、聽眾會討厭我的。這種狀況類似焦慮，一般來說很正常，但如果「焦慮」成為某個人長期、固有的思維模式，老是在擔心或想著接下來會發生什麼，就有可能發展成令人疲憊且需要治療的臨床焦慮症。如果不斷反芻過去，心情也會惡化，甚至可能發展出臨床憂鬱症。事實上，焦慮症和憂鬱症經常同時出現，用專業術語來說，就是「合併症」（comorbidity），意思是，如果患有其中一種病症，通常也會患有另一種病症。這兩種病症以及許多其他精神疾病都有一個共通點：患者的想法是「反芻性的」。

強迫性思考 Obsessive Thinking

「強迫性的想法」是強迫症（obsessive-compulsive disorder, OCD）的標誌特點。這類思維模式會反覆出現，持續存在，而且通常是負面的——不一定是在繞圈子（如反芻性思考那樣），但你越想去阻止它，它就越是糾纏你。

強迫性的想法可能會伴隨其他病症出現，像是創傷後壓力症候群（post-traumatic stress disorder, PTSD）、恐慌症、恐懼症等，但也不完全與疾病有關。在某些時候，強迫性的想法對所有人都是很自然的，例如我們一直掛念著欠下的債務，或一直想知道令我們著迷的美好事物在哪裡。強迫性的想法通常不受歡迎，卻似乎永遠停不下來。

侵入性思想 Intrusive Thoughts

「侵入性思想」或許不能算是一種思維類型，反而比較像是一種思想現象。侵入性思想，指的是那些非自願的、不請自來、通常不受歡迎的想法，大多是負面的，會侵入我們正在開展的思路，與我們正在思考的事物不太相關。與強迫性的想法相比，侵入性的想法只會間歇性地出現，但它們的侵入依然可以產生極大的影響。這些侵入的想法可能源自於創傷記憶、長期的恐懼或擔憂等，出現時，可能會讓人陷入癱瘓，也可能帶來其他相關的大量負面感受和情緒。

不過，也可能有一些美好回憶（像是某個好評，或某個美好假期），會毫無預兆地找上我們；但它們是中途插入的，而且與我們正在思考的內容無關，所以依然算是一種「侵入」。想法的侵入也可能可以幫助我們解決某個先前困擾著我們的問題；潛意識在「醞釀」一段時間後，想出了一個解決辦法，而這個辦法突然出現在我們的腦海中。所以顯然：並非所有侵入性的想法都是不好的。

♪

請注意，本書中所提到的「想法」和「記憶」，大致上是可以互換的概念；兩者並不相同，卻高度相關。「想法」包括了被活化的「記憶」（但不只包括記憶），而我們所知道的一切、從經歷中記住的一切，所害怕的一切、所期待的一切、所知道的所有詞語、所記得的所有感受，都儲存在記憶中。當你想起昨天晚上鄰居在電梯裡對你說的話，那是儲存在記憶中、處於休眠狀態的一段「記憶」，在你的召喚下被重新活化成一個「想法」。

舉例來說，你知道義大利的首都在哪裡，但在你檢索記憶、使它成為你正在開展的想法之前，它只是一段休眠中的記憶。「記憶」就像躺在書架上的文件，等待著被你的大腦或你所遇到的外部事件——我們稱之為「提取線索」（retrieval cue）——將它活化。比如說你看到一個廣告，廣告演員是你上次跟朋友約會看電影時，電影裡的演員。這個時候，與那個演員相關的一連串記憶，都會通過連鎖反應，被重新活化過來。一個被活化的記憶，可以是一個想法，也可以是某個想法的一部份，但並不是所有的想法都是源自於記憶。

我們可以舉「心理模擬」（也就是我們經常會在腦中做的「整裝彩排」）為

例，你會從記憶中提取一些要素，如大家在海灘會穿的衣服、在異國海灘上看到的景象、你希望跟哪個朋友一起去海灘，他長什麼樣子，然後你會去構建出你跟那個朋友在異國海灘上的模擬體驗。這個體驗並未發生（至少現在還沒有），所以你目前的想法含有部分的「新想法」和部分的「舊記憶」。

以下是一些怪奇的思想障礙

我認為，精神病學家可說是最佳職業之一，不僅可以幫助他人，還能全面觀察到人類大腦。有時候，我們會將人類大腦不同於常態的變異情況，稱之為「神經多樣性」（neurodiversity），這樣稱呼的原因，是為了表明這些變異雖然不是常態，但也未必是障礙或疾病，只是一種非病理性的差異表現，能讓我們成為有趣的個體，讓社會百花齊放。精神病學家比一般人更有機會去探究人類的大腦，以及一些可以被稱作是「人類靈魂」的事物。而觀察扭曲的思維模式，是令人驚嘆又駭異的體驗。我們死命抱著自己的世界觀，於是主觀上覺得其他人的內在世界應該跟我們的內在世界是類似的，所以每當我們看到有人對著空氣說話，或者聲稱自己是上帝的兒子，或者語無倫次地說個不停，總會有種在看他演戲的感覺。透過「探討各種思想障礙」這個獨特的窗口，則可讓我們一窺人類大腦的精妙。

我第一個要介紹的思想障礙是**脫軌**（derailment），有時候也被稱為「聯想鬆弛」（loosening of association）。雖然「脫軌」經常被視為一種臨床病症，但它有時候並不是病理性的。「脫軌」顧名思義，意味著（在思想上或談話上）偏離主題，順著想法的洪流一路漂走，再也沒有回到起點。

出現脫軌思維的時候，用來傳達想法的「話語」未必是連貫或有關聯的，而且經常會伴隨著一些類似於快速瘋想時會出現的強烈情緒。我們經常能在思覺失調症的患者身上看到「脫軌」現象；他們往往擁有廣泛而鬆散的聯想力（意味著他們會在其他人覺得只有鬆散關聯的事物之間，看見強大聯繫）。

以日常生活事件來比喻的話，這就很像有些人喝了酒、吸了毒之後，大腦抑制就降低了，於是生出源源不絕的想法，主觀上覺得自己太有才了。第二天早上醒來後才發，昨天晚上看起來偉大的發現，其實根本很普通。

不過，「脫軌思考」也可能通過所謂的**水平思考**（lateral thinking）激發出創造力。「水平思考」是非線性的思考，會以邏輯性沒那麼強的方式去思考問題。「脫軌思考」有時候也被稱為**離題思考**（tangential thinking），思考「離題」後就一去不復返。我們在此同時使用了「離題」、「水平思考」和「脫軌」等不同的詞彙，去指稱類似的思維模式，可能會令人感到相當困惑，不過我們不必在術語上太過糾結。總之，不論怎麼稱呼，重點是：這些現象讓我們看見，想法可以用很多方式開展，可能是井然有序地，可能是雜亂無序地，而且類似現象還有很多，大多強調了「記憶和思考」以及「思考和言語」之間的緊密聯繫。

另一個有意思的思維障礙是**迴繞現象**（circumstantiality），指想法或言語繞著某個念頭打轉，用很多不必要的細節來描述（大家都認識一兩位這種人吧）。它跟「脫軌現象」的不同之處在於，「迴繞」最終會進入正題。

言語貧乏（poverty of speech），則是與「迴繞現象」恰好完全相反，指的是嚴重缺乏想法內容，導致言語嚴重匱乏、蘊含的資訊量很少。

還有其他一大堆奇怪的思想現象，都是醫生在病人身上觀察到的，這也反映出人類對思考歷程的理解。這些現象包括了**思考停頓**（blocking），也就是思路突然受阻卡住；**意念飛躍**（flight of ideas），也就是意念突然一個接一個高速跳躍，但彼此間仍具有一些連貫性。其他現象還有像是：語無倫次地說出一連串彼此之間毫無關聯的話、強迫性地將一切事物扯回「自我」……等等。

另外，有個跟「聯想」有關的思想障礙，叫**音韻聯想**（clang association，又稱音韻連結）。這種思想障礙的狀況是：「想法」和「言語」利用「音韻上」而非「意義上」的關聯去開展，通常會出現在患有精神病或躁鬱症的患者身上。

思維障礙不僅是臨床問題，在神經科學的很多領域當中，它也挑戰了我們對「正常大腦」（或「神經典型大腦」）運作方式的認知，刺激了我們去想：為什麼一個想法會突然被阻斷？思路發生了什麼事？是什麼決定了思考速度？是什麼決定了聯想廣度？等等的問題。

也許最有名也最具代表性的思想障礙是**妄想**（delusion）和**幻覺**（hallucination）。「妄想」是對現實產生曲解，對世界抱持荒謬的錯誤信念，主要類型包括「偏執狂」（paranoia）和「誇大妄想」（delusion of grandeur）。出現妄想的精神病患者會對這些妄想深信不疑；事實上，「對扭曲信念的信心程度」是妄想症的診斷標準之一。

現在讓我們先暫停片刻，先來感受一下大腦到底有多複雜。有個人堅信自己被跟蹤，或者堅信自己是拿破崙，不論舉出任何證據反駁，都無法改變他的想法。大腦是由數百億個神經元所組成，每個神經元都像是一個開關，各自與許多其他神經元相連，組成龐大的網路。除此之外，還有許多神經傳遞質和其他分子機制等構成要素。但在這麼複雜的系統裡面，哪裡可以找到拿破崙？我們現在還遠遠無法解釋為什麼會出現如此強烈而扭曲的信念。

「幻覺」和「妄想」不同，是當事人感知到某些不存在的、虛構的事物，錯把想像當成了現實。「幻覺」可能會非常具體，幻想出來的東西可能會佔據某個特定的空間；幻想也可能以視覺、聽覺或其他形式出現。「幻覺」不僅是許多精神疾病的常見症狀，也可能會被特定藥物觸發，或在入眠、剛醒或睡眠不足時發生。

大腦經常會忙著進行各種假設性的心理模擬，但假如我們對內心模擬出的場景信以為真呢？例如相信自己真的在飛，自己正在和名模做愛，自己就快淹死在海裡。類似的心理機制還有**心像**（imagery），也就是大腦生出心理圖像，而我們利用「心裡的眼睛」清楚看到它，或對它進行一些操縱（例如在大腦中旋轉俄羅斯方塊）。但我們知道「心理模擬」和「心像」都是大腦想像出來的，通常也不會將「腦中的運作」和「外在世界發生的事情」混淆在一起。

在內在和外在世界穿梭

我們的想法可以被外在刺激觸發——像是搭火車時無意中聽到的一句話、回家時聞到的餡餅味道，或你家的貓在你腿上磨蹭時的感受；也可以被「內在刺激」觸發——像是正在規劃邀請你姊和她新男友共進午餐時，你開始思索她的新男友（與你只有一面之緣）是不是真的對你姊很好，抑或只是逢場作戲。但在大多數的時候，想法不是單獨由內在或單獨由外在的刺激所產生，通常是兩者都有，而我們會不斷在內在和外在世界來回穿梭。

舉例來說，你幻想「你自己」，而不是那位明星球員，正在超級盃擔任四分衛。這是一個「想法」，你也知道這是你在腦中幻想出來的。但這並不是與生俱來的能力，而是我們在成長過程中獲取的技能和知識，所以對嬰兒來說，他們很難、甚至無法分辨哪些是內在事件、哪些是外在事件。嬰兒最初不太能分辨實體世界和精神世界，也不太能區分什麼是物體、什麼是想法；真正開始「思緒漫遊」是在年紀較大之後了。

第三章　偏離「當下」的旅程

我清楚記得，幾年前我去看了一部詹姆士·龐德的電影。我喜歡坐在電影院前排，好讓自己能好好沉浸在電影當中。我記得那部片子裡有一幕追逐戲，是一群壞人飛快騎著雪上摩托車，瘋狂追趕著〇〇七，過程中有著各種炫亮的閃光、飛速的移動、震耳欲聾要將觀眾吞沒的音響效果。

不料，我的思緒有自己的主張，竟然開始漫遊（大家都知道思緒漫遊是無意識的），我的思緒遊蕩了很遠，等我回過神來，銀幕上只見到心滿意足的〇〇七探員正在酒吧裡喝著馬丁尼。我顯然錯過了整個追逐過程（我後來查了一下，這場追逐戲長達四分鐘）。

思緒漫遊擁有驚人的威力，能夠勝過外界真實感官的刺激，能讓我們看不見銀幕上強力的閃光、巨大的爆擊聲響等感官刺激，甚至會使我們失去情境意識。內在的心智歷程之強大，居然能蓋過外在實體世界實際發生的事，這實在太神奇了，也讓腦神經科學家感到難以置信。

大腦雖然很神奇，但它的心智容量有限：記憶力、注意力、計算能力等等都有個限度。如同電腦的中央處理器一樣（這是個糟糕比喻，只適合用來說明這裡的狀況），中央處理器必須將資源分配給多個相互競爭的處理程序——使用者指令、後台通信、滑鼠或影印機等週邊設備下達的要求——而大腦也必須將資源分派給需要資源的各個處理歷程。大腦會排定一個優先順位，決定哪個處理歷程能獲得什麼樣的資源，但不論如何分配，都是從自己僅有的心智容量中分出資源，某處用掉了一些資源，其他處理歷程所能獲得的資源就會減少。

以數學計算為例，如果沒有其他分心事物（像是嘈雜的音樂聲或旁人的談話聲）去和「數學計算」一同競爭心智資源，你會比較容易在腦中成功計算出16乘以93等於多少。這是一個零和賽局。所以，如果思緒跑去漫遊，我們能感知到的事物就會減少；如果我們的注意力正受到某種體驗的吸引，思緒漫遊的狀況就會減少。

我剛才提到的龐德電影例子當中可以得知，**我們需要全神貫注，才能獲得完整的體驗**。除此之外，我們也許能隱約察覺到：當大腦被「想法」劫持（想法的影響力顯然不亞於現實事物），我們會錯過很多人生的精彩。正如十八世紀的猶太智者、納赫曼（Nachman）拉比所說的：「你的想法在哪裡，你就在哪裡。要確保你的想法在你想在的地方。」

發展出「思緒漫遊」的能力

大腦最前端的前額葉皮質（prefrontal cortex）是我們之所以會有「思緒漫遊」和「做白日夢」的原因。前額葉皮質的成熟期較晚，約在二十歲初期到中期才會發育成熟，比其他腦區的發展要晚得多，而需要這麼長的發育時間是有原因的。前額葉皮質就像是人類大腦的總裁（也經常被視為是人和動物最大的區別），它在決策制定、行為控制（如避免衝動行為）[1]、評估獎勵、理解後果、規劃、假設模擬和其他高階的認知歷程中，扮演著核心角色，而所有這些處理歷程都需要「知識」——我們從經驗中辛苦累積得來的「知識」。你怎麼知道這趟旅程要帶什麼物品？你怎麼知道哪些話不要告訴陌生人？你如何能在沒有前例的情況下，去預測你朋友對你突然到訪會有什麼反應？要應對以上狀況，靠的就是「知識」。你擁有的經驗越多，積累的知識就越多，就越能為越多狀況做好越充分的準備。

大腦處理思緒漫遊時所倚賴的基礎，就是從經驗中汲取的、不斷擴大的知識量。不管是想像自己躺在椰子樹的吊床上，還是要模擬大腿被狗咬的感覺，或者弄清楚同事為什麼要說你是天才，你都需要參考你已經知道的知識。思緒要漫遊，會需要我們儲存在記憶中的訊息，這也解釋了為什麼小孩比較不會思緒漫遊。

大約在五歲以後的幾年裡，小孩的大腦會開始鞏固越來越多記憶，越來越偏離「當下」。當然，這不是什麼壞事，好的記憶對我們的人生至關重要，其中一個原因是：記憶能幫助我們產生自我意識，我們甚至可以說：記憶決定了我們是誰。我們自我意識的主要構成元素，就是我們記憶中的經驗、偏好、恐懼、渴望、盼望、挫折，和我們形成的信念。隨著我們鞏固的記憶越來越多，我們也越來越容易思緒漫遊、越來越容易回顧過去、思考未來。九到十一歲的小孩通常會花百分之廿到廿五的時間在思緒漫遊[2]。

在過去，人們認為思緒漫遊是不好的走神狀態，會干擾我們的思緒、心情和行為。但白日夢先驅研究者傑羅姆・辛格（Jerome Singer）是最早主張白日夢是一種建設性的心理工具[3]。當然，有些白日夢可能含有消極、有時甚至是強迫性的想法，會阻礙我們完成目標。事實上，如果放任思緒自由奔馳，人們似乎經常會往負面去想[4]。但後來喬納森・斯庫勒（Jonathan Schooler）等人的研究指出，有些白日夢是有趣的、有創意的遐想，應當好好培育[5]。

年輕人喜歡用一點五倍速（甚至更快的速度）看電影和線上影片，如今許多應用程式上都擁有這個調整速度的功能，我也可以利用這個功能，加速聽完某位長輩傳來的無聊長篇語音訊息。這顯然可以省下不少時間，不過，也讓我們喪失了一些機會，可以去進行有創意的思緒漫遊，以及整合我們的記憶。這些心理機制需要我們在接收刺激時留有一些「空檔」才能運作。

絕大多數的思緒漫遊研究，都在探討思緒漫遊時會出現什麼樣的想法內容，也就是：當我們手邊沒有什麼需要消耗精神資源的任務，我們會想些什麼？在之後的章節裡我會帶大家走入這個很有趣、產能超高的研究領域，但現在我想先介紹一下把「思緒漫遊」和「幫助我們進入思緒漫遊的大腦皮質結構」之間的連結。

思緒漫遊發生在大腦的預設模式網路（DMN）之內

「認知神經科學」是「認知心理學」和「神經科學」的匯集，兩個領域的研究方法、專業術語不同，解釋階層也很不一樣（例如「認知心理學」關注的是抽象思維和決策，「神經科學」關注的則是神經傳導物質和突觸），因此會需要做出適當統整。身為認知神經科學家，我的科學使命是兼顧兩個領域去做出解釋。我會從認知心理學的角度探討「思緒漫遊」的高階認知概念，以及思緒漫遊時會產生的想法和功能；也會從神經科學的角度，從最具體的神經機制層面去了解思緒漫遊，不去管所謂的心智。其實我們對思緒漫遊最基本的神經元素都還一知半解，無法解釋「想法」是什麼，但要讓兩個領域一同交流並進步，最好的辦法就是同時或交替地使用這兩種研究視角來探討上述與「思緒漫遊」有關的核心議題。

對於一般人來說，某些科學研究可能很奇怪，思緒漫遊和DMN的研究歷程就是一個很好的例子。儘管我們都同意大腦中有個有趣的、永遠處在活躍狀態的DMN，而且我們的思緒也經常會跑去漫遊（尤其在沒有其他事情要處理的時候），但這還不足以讓科學家去認定「DMN就是大腦中負責思緒漫遊的皮質區」。在閒來無事、手邊沒有任務或目標要完成時，我們只能思緒漫遊，這個時候，唯一活躍的腦區都在DMN裡面，但學者依舊想要清楚、明確地證明DMN與思緒漫遊有連結，才願意做出「DMN就是大腦中負責思緒漫遊的皮質區」的結論。後來學者梅森（Malia Mason）終於證實這種聯繫存在，她的研究因此獲得權威期刊《科學》（Science）的刊載6。

要去研究他人的思緒，真的很難，我們連自己的思緒都很難去觀察了，再加上認知扭曲、缺乏心理技能、情緒干擾……等等的因素，在在使我們看不清自己在想什麼，更別提看清他人的思緒了。確實，fMRI和其他大腦成像技術可以讓我們看見大腦結構和大腦的活動，但想要真正推斷出「他在想什麼」，那還差遠了。用一張筆記本的內頁來做比喻，結構性MRI和其他技術可以告訴我們這張紙的形狀和樣貌，fMRI和其他電生理測量技術則會告訴我們哪裡有什麼字母，但把這些資訊全部結合起來，我們依然無法理解紙張上文字的意思。同理，儘管科技已經進步到能夠將微小的腦組織、神經元活動和皮質連結程度繪製出來，但我們還是不知道它們是如何共同產出我們美好卻難以捉摸的思緒。

我們目前還無法直接窺探人的思緒，因此心理學家設計了各種間接方法，去合理推估測試對象的腦中在想些什麼。有一種方法叫思考取樣（它有許多不同類型），是在受試者（實驗參與者）執行任務期間，隨機打斷他們，並詢問他們對「內容」（你一直在想白熊嗎？）、「相關性」（你現在想的事情，跟你目前的任務直接相關嗎？）等等的看法。當然這種方法有其侷限，好比說，實驗參與者做出的是主觀回覆，可能無法正確反映現實，而且受試者可能會想取悅實驗者或刻意表現出某種狀態，這也會讓回應結果失真。但如果能給予適當指導，創造出特定實驗氛圍，並對足夠多的個體進行抽樣，就能大幅降低這些侷限的影響。

梅森等學者就是採取「思想取樣」這個方法，重點觀察受試者在思緒漫遊期間的狀況，最後成功發現「思緒漫遊的程度」和「DMN的活化程度」直接相關，順利完成研究任務，更進一步得出「思緒漫遊是一種基線狀態，只有在需要完成某些任務和目標時，思緒漫遊才會被中斷」的結論。

如今我們都知道，如果沒有什麼事情需要我們的直接注意力，我們就會開始思緒漫遊，而思緒漫遊發生的地點，是在一個叫DMN的大腦皮質網路。這項發現開啟了研究大門，讓我們在思緒漫遊的研究道路上跨出了一大步，也讓更多研究者開始競相研究起「我們清醒時花了這麼長的時間在思緒漫遊，到底是在想些什麼」。

「思緒漫遊」是個含意很廣的術語，一般認為，**思緒漫遊時，我們主要會想到自我和他人，也會去預測、規劃、模擬未來的事件該怎麼處理**。接下來，就讓我們來看看我們在想什麼吧（無論是想到自己、他人還是預測未來，都涉及了DMN）。

第四章　思緒漫遊時會想到什麼？首先是「自我」

想像一下，你有一位和你關係最接近的人。你們的關係是緊密、連續不斷、深刻而親密的；你們給彼此溫暖，也會彼此苛求；你願意告訴那個人你最黑暗的秘密，但你也會欺騙、隱瞞他；你知道怎麼做對他才是好的，但你經常沒有這樣做，還編造出高明而有說服力的藉口來安撫他；某一天你可能因為他而極度自豪，第二天卻又想逃離他。

而他呢，永遠在碎念不停，不僅妨礙你和他人的互動，還會影響你在這世上的體驗品質；他期待你無時無刻都在關注他，但又常反駁你，讓你覺得是你對不起他；你們之間又愛又恨，真真假假；你們成就彼此，也摧毀彼此。

這種相處關係，看似不太可能存在。真有這樣的人存在嗎？有的，那個人就是你自己。我們和「自我」（self）之間擁有最豐富多樣、最充滿愛意、最複雜、最有意義，也最不理性的關係，而我們無法完全理解這種關係。所以老子的《道德經》中有一句話：知人者智，自知者明。

我在批評我自己的時候，到底是誰在批評誰呢？

「自我」是一個很難解釋的「心智建構」（mental construct），沒有明確一致的定義。我到現在都還記得，我第一次知道有人在研究「自我」時，心中的那種古怪感受。自我到底是什麼？偉大的心理學家暨哲學家威廉・詹姆士將自我分為「主體我」（I）和「客體我」（Me），代表兩種不同的心理觀點。「主體我」是將自我視為一個能思考、判斷和行動的主體，而「客體我」則是將自我視為一個客體。「客體我」同時包含「實體」（身體）和「抽象」（我們的信念）意義，「主體我」則是觀察者和評估者。重點是：「客體我」會經歷，「主體我」會反思。對此，哲學家路德維希・維根斯坦（Ludwig Wittgenstein）用他著名的簡潔語句表示：我既是客體，也是主體。

哲學家很早就開始思考自我的概念；笛卡兒、洛克、休謨、老子、柏拉圖、亞里士多德等重量級人物，都對「自我」有過探討。有這麼多人關注「自我」的議題，其實並不會讓人感到意外，畢竟，「自我」的概念對我們理解自身的「存在」至關重要，而大家也很自然地會有不同看法──從涉及靈魂的靈性觀點到唯物主義的觀點；從贊成自我的存在，到否定自我的存在。以休謨為例，他將自我視為一個由「一束」（bundle）屬性所構成的集合體──而各屬性一直在不斷變化。要解釋這種「『自我』是持續存在又不斷在改變」的觀點，很適合用「忒修斯之船」（Ship of Theseus）這個例子來做比喻：

忒修斯和雅典青年從克里特島返回雅典時，乘坐的是一艘三十槳船，這艘船被雅典人一路保存到德米特里（Demetrius Phalereus）的時代，每當舊木板腐爛，雅典人就會將木板拆除、替換成更堅固的新木材。後來，這艘船成了哲學家在針對「『有變化的物體』是否仍為同一物體？」進行邏輯辯論時，經常會舉出的例子；

一方認為船還是原來的船，一方則認為船已經不是原來的船了1。

我們照鏡子時，會認為鏡中看到的自己，跟十年前所看到的自己是一樣的。現代哲學家丹尼爾．丹尼特（Daniel Dennett）曾針對自我的議題，提出一個乍看之下反差極大的著名論點。他將「自我」比喻成「重心」：這是一種「方便的虛構」，雖然不真實存在，卻能幫助我們解決問題。他比喻說，如果自我是一個空心圓環的重心，雖然它是空中一個虛無的點，但它仍是重心。

♪

「自我」這個主題，經常會涉及許多哲學家和認知神經科學家都很感興趣的核心議題，像是「主導感」（sense of agency）和「自由意志」（free will）。靈性、沉思式的哲學（主要是佛教思想）會將「恆常的自我」視為一種幻覺，認為世界上沒有任何一種個別存在是與世界脫節的。事實上，佛教認為諸行有三相，即

「無我」（anattā）、「苦」（du kha）和「無常」（aniccā）。如果你覺得佛教是以苦悶的視角看待人生，那麼你跟許多人的感受是一樣的，但這種第一印象其實是一種誤解。在我深入鑽研佛教教義並去實踐後，我發現，如果能接受「無我」（或至少是「削弱的自我」）的想法、接受「苦」是生活中的本質、接受事物不會永恆存在的事實，就會有如釋重負的感受。我不知道我是不是能在日常生活中，完全接受「諸法無我」或「諸漏皆苦」的觀念，但我發現最能在生活中給我力量的，是「諸行無常」的觀點。

去年我造訪了風光迷人的印度北部，在那裡看到僧侶們辛勤地用五彩繽紛的細沙，創造一幅巨大複雜的曼陀羅沙畫，並在完成後將它吹散，重新開始製作新的畫作。他們用行動，闡述了不忘無常、不執著的佛法精神。我也試著跟我女兒妮莉解釋這個概念；她曾經因為我們沒有保留她從幼兒園開始創作的所有勞作作品而感到失望。

佛教修行追求「消融自我」*，而要藉著靜坐去實踐這一點，其實並不容易——至少對過去的我來說很困難，至今依然；但我們可以先把重點放在「消融自我」的概念上。冥想教我們要去看見世界的本來面目，而非受我們「信念」支配的面目，藉此來幫助我們擺脫對「自我」與生俱來的執著。當然，我這裡說的很簡略，你可以在眾多古老佛教文獻中看到更深入、更廣泛的介紹，也可以透過許多學者去認識佛教，而我目前個人最喜歡的是艾倫・沃茨（Alan Watts）和吉杜・克里希那穆提（Jiddu Krishnamurti）。

除了佛教修行，據說賽洛西賓（psilocybin）、麥角二乙胺（LSD）、二甲基色胺（DMT）等迷幻藥也可以帶來「消融自我」的效果——更戲劇性的說法是「自我死亡」。科學家其實是在最近幾年，才開始對這些迷幻藥的效果和佛教修行所能產生的「消融自我」進行嚴謹的科學研究，但已經有很多人一致表示，這種「感覺自己不再與世界分離的感受」，是很迷人的。令我感到驚奇的是，大腦居然可以從截然不同的視角去看待「自我」，而且至少理論上，我們能在特定情境下，在「自我」和「無我」之間切換。

除此之外，「消融自我」對某些疾病（例如憂鬱症和創傷後壓力症候群）甚至還可能具有重要的醫療價值。在接下來的章節中你會發現，其實我們不用太費力，就能在一定程度上感受到「自我的喪失」，例如當我們完全沉浸在某個需要我們全神貫注或很危險的任務時，我們也會停止去感受「自我」，在這段期間裡，DMN的活動也會被抑制。

♪

在心理學中，我們會用自我去代表我們的自我身份，包含認知面、情緒面、社交面，以及讓我們「成為自己」的各個面向。心理學家也相信自我是由「自我覺察」（self-awareness）、「自我知識」（self-knowledge）、「自尊」等等的「次自我」（subselves）所構成。當然，「自我」會非常依賴、甚至完全依賴「記

＊註：「自我」的英文除了用 self，有時候也會用 ego，但概念上與佛洛伊德所說的「ego（自我）」並不相同。

憶」去記住「我們是誰」的各個面向、我們喜歡什麼、不喜歡什麼、害怕什麼、渴望什麼、我們跟世界的連結、我們的自我認同、他人眼中的我們……等等。

在臨床心理學中，有另一種關於「自我」的有趣討論。偉大的精神分析學家暨思想家唐納德・溫尼科特（Donald W. Winnicott）率先提出了「真我」（true self）和「假我」（false self）的概念，後來埃里希・佛洛姆（Erich Fromm）將之稱為「原初自我」（original self）和「虛假自我」（pseudo self）。溫尼科特認為，「真我」是我們在嬰兒時期，從我們在世界上的體驗、從現實、從我們對周遭環境的自發真誠回應所發展出的自我感受。要維持並發展「真我」，我們的照顧者（主要是我們的父母）需要給予我們適當的回應；如果我們的行為沒有得到（來自他們的）適當回應，作為嬰兒的我們就會開始迎合照顧者的期望，發展出討好型的「假我」，變得不再那麼自發、真誠，會讓自己的一舉一動越來越符合身邊環境的期待，變得失去自己。

「真我」和「假我」的區別，和威廉・詹姆士區分出的「主體我」和「客體我」並不相等，但「真我—假我」的概念確實能讓我們更直觀地感受到：自我建構

（construct of self）——不論是否虛幻——都會深深影響我們對「存在」的感受。

認知哲學家經常將「自我」區分為兩種類型。第一種是「敘事的自我」（narrative self），這是一種概念上的自我身份，雖然時間會過去，但這個自我一直持續存在，而且它也是我們所敘述的自我（此時它與主體我 I 的概念並存）。敘事的自我是一個反思者，也是一個代理者。第二種是「最少的自我」（minimal self）——暫時的自我，概念與「客體我」（Me）類似，是去體驗的客體。

以上這兩種類型的「自我」，都與「心理幸福感」（psychological well-being）息息相關，但各自似乎是以不太一樣的大腦區域和網路去調節的。

如今，與「自我」有關的大腦研究越來越多，已有充分證據顯示：與「自我意識」調節最有關的皮質網路就是DMN，而且思緒漫遊時想到的內容也涉及「自我參照」（self-referential）的處理歷程。我們來看個例子。有一項研究利用fMRI去檢視「與自我概念有關的處理過程」和「DMN」之間的連結[2]，共有三個實驗情境。第一個實驗情境是「自我參照」：受試者會看到一些單詞，都與個人特點有關，包含幸運、疑心等，他們要回答這些單詞是否適合形容他們（這樣會迫使受試者想到自己）。第二個實驗情境是「非自我參照」：實驗參與者要回答他們看到的單詞有幾個母音，雖然出現的單詞十分相似，但顯然跟「自我」比較不相關。第三個實驗情境是「靜息狀態」：實驗人員告訴受試者，現在是休息時間，不需要做任何事情，也通常是在這個時候，實驗參與者會出現思緒漫遊的狀態，DMN 也會活躍起來。

研究者指出，在「自我參照」和「靜息狀態（思緒漫遊）」的實驗情境裡，活化的DMN區域很大一部分是重疊的，重疊程度遠高於「非自我參照（計算母音數量）」的實驗情境。換句話說，DMN與「自我意識」有所聯繫。

更具體地說，「敘事的自我」或者「自我相關的處理歷程」都會涉及DMN。至於那個「最少的自我」（亦即那個會去進行親身「體驗」的自我），還會涉及大腦內負責多重感覺整合和內感受的腦區，例如腦島（insula）和顳頂交界處（temporoparietal junction）。這挺合理的，畢竟「體驗」通常需要整合來自多重感官的資訊[3]。其他學者的研究也指出，通過冥想去減弱自我意識，也會減少DMN的活動[4]。

距離真正了解「自我」的神經科學，我們還有一大段路要走。這是個相當複雜的研究領域，不過我們已經確立了「思緒漫遊」和前述「『與自我有關』的重要大腦功能」之間的聯繫。我們都知道，一旦陷入「自我反思」，我們會多麼心煩意亂——所以囉，如果我們能在某程度上控制思緒漫遊，生活品質就會大幅提昇。

自言自語一直沒有停過

我們老是在跟自己講話。我們的內在有好多相當折磨人的聲音，包含自我對話（self-talk）、內在語言（inner speech）、內在敘述者（inner narrator）、內在批評者（inner critic）等等，都是基於「自我」發展出來的，甚至可以說，是「自我」造成了這一切。而許多學者已經證實了上述觀點[5]。

我們可以將「內在語言」視為一種思維習慣，但它更像是一種特質。內在語言可以大致分為**內心對話**（inner dialogue）和**內心獨白**（inner monologue），而內心獨白又被稱為「口語思考」（verbal thinking）、內隱的自我談話（covert selfspeaking）等等。「內心獨白」是我們的自言自語：我們會敘述自己的經歷（不好的）、預演我們想像中即將要進行的對話、重新回放或修正我們先前與他人的對話等。

內心對話有一些功能，是內心獨白沒有的。內心對話就像在和自己下棋，沒有驚喜，事情也是可預見的。儘管如此，當那個難以捉摸的「自我」出現時，內心對話會是我們主要的應對方式。我們會讓「客體我」和「主體我」展開對話；「客體我」會試圖安撫我們的「內在批評者」，並和「主體我」展開一場關乎對錯、好壞，同時不斷尋求認可的對話。

主體我：我們必須告訴她，我們不適合。

客體我：沒錯，但這樣就再也見不到她了，我好喜歡和她在一起。

主體我：嗯，可是這樣對她不公平欸，一直讓她抱著希望。

客體我：再給我一點時間。拜託，她也是大人了啊，她想走隨時可以走。

主體我：不，我們不該這樣子對待別人。你太自私了，而且，你明明知道跟她在一起是錯誤，還跟她在一起，這也讓你沒辦法繼續尋找那個真正「對」的人。

客體我：好吧，可是等我和她一起度完假再說吧。

主體我：當然可以，但既然你已經不想和她認真交往，你覺得在這種情況下你還能好好跟她享受假期嗎？假期過後，你就會跟她說了嗎？

客體我：當然，絕不拖延！

主體我：以前你就答應過我，不會繼續拖延……

客體我：喔，那你記得我之前提過的「拖延有助於醞釀創意」這種超讚觀點嗎？

主體我：別又岔開話題了。去享受你的假期吧，你這個魯蛇。

客體我：好啦好啦，你要跟我一起去，但旅程中別吵，我要好好享受假期。

我們會跟心中的另一個自己商討道德面和現實面的問題，就像我們會跟其他真的人商量一樣。我們可以將「內心對話」的兩個角色，想像成是青少年和父親之間的對話，一個是全心投入、正在體驗世界，通常也想活在當下的青少年；另一個則是會判斷和反思的成年人。這不失為一個好方法，讓我們檢視腦中兩種聲音在溝通時的情形。

♪

回到「內在語言」這個話題，關於它的研究少到讓人意外（畢竟這太常發生），可是它確實很難研究，所以相關研究太少，也是可以理解的。我們實際上無法藉由窺探某個人的頭腦來研究「內在語言」這種十分私人的體驗，受試者的個人陳述也無法讓科學研究獲得什麼重要進展。至於「內在語言」有什麼功能，目前有兩大理論，一個是「認知和行為的發展和控制」，另一個則與「工作記憶」有關[6]，但「內在語言」還有另一個功能，就是將抽象的想法和感覺，用文字話語和可交流的方式表達出來。

很多事情不需要文字或語言就可以完成，像是放風箏、做愛等，但我們依然如此離不開語言，這是因為文字話語除了是我們向他人表達想法的主要方式，更是我們和「自己」交流生活點滴的主要方式。我們在意識頭腦中使用的語言，就是我們日常對話中所使用的語言——否則我們要如何理解自己的想法呢？「語言」是溝通的工具（或介面），也是想法的工具。我們自言自語時，其實會使用正確的文法和完整連貫的句子，這恰恰說明了語言是想法的「門面」。從這一點，我們也能理解，為何還不會說話的小孩子（可能也包括某些動物）依然可以思考：某種程度上來說，「思考」已經就位，但是要靠語言實現的「想法表達」沒有跟上。

我們的內在語言類似於「放聲思考」（thinking aloud）。但要知道的是，雖然所有文字話語都是想法，但並非所有想法都是文字話語。想法也可以是視覺圖像、音樂、身體感覺、情緒和其他的感覺。當我們跟自己說話的時候，除了有助於我們的發展、記憶、心理健康、認知、行為和心理規劃，我們還可以利用「內在語言」去為自己（多過於為他人）的想法、渴望和行動編造動機。

此外，內在語言也可以很有效地將來自潛意識的訊息，轉化為我們意識頭腦日後能用來交流的語言。我們至今依然不知道潛意識世界說的是什麼語言——儘管有些科學家勇氣十足，想要用嚴謹的實驗去探究潛意識，但這條路並不好走。當我們潛意識裡的想法成熟到足以跨越邊界進入我們的意識（有點像獲得了啟示，或靈光乍現），這時潛意識內的想法就必須以語言的形式出現，我們才能懂——有時連這樣都還不夠，我們還是會覺得少了什麼，所以我們常會出現「我不知道為什麼，但我就是討厭他」或「這筆交易聽起來有點可疑，我就不奉陪了」的反應。

當我在腦中用語言告訴自己「我五點左右要去跑步」，意味著我讓自己意識到，我剛剛定下了這個計畫，這個計畫可能是我有意識決定的，也可能是潛意識幫我決定的。但直到我用簡單的話表達出來，我才會意識到：我做了這個計畫。因此「內在語言」也可以被視為「意識的語言」。

♪

以上我們對「自我」做了多方討論，原因有二。第一：不管是在DMN裡還是在思緒漫遊的時候，「自我」都是核心的內容（接下來的兩個章節中還會討論到其他核心內容）。第二，理解了上述與「自我」有關的研究和觀點之後，我們就知道：「思緒」和「體驗」可能會因為我們對「自我」採取不同觀點，而有很大差別。我們一般會對某個體驗採取「沉浸者」或「外部觀察者」的觀點，不同的觀點會帶來不同的體驗品質；而「觀察者」和「沉浸者」的區別，恰好可以呼應先前提過、而我們剛才也討論過的「自我」概念區別，特別是威廉．詹姆士的「客體我」和「主體我」。

第五章 思緒漫遊時還會想到他人，而且常想錯

思緒漫遊時我們除了會想到自我，大腦和DMN還會試圖去釐清他人的意圖、傾向、心智狀態等等。DMN這個大規模皮質網路會如此積極去理解他人，並不足為奇。

因為想要解讀他人的想法和感受，真的很難，但這是我們生存的必備能力。如果我們對他人的認識夠深，就比較容易跟他們有效合作，也比較容易去感知出他們可能帶來的威脅，因此大腦就演化出這種「積極了解他人」的功能。也有演化學家認為：我們進行社交活動時會需要大量運算，所以人類大腦才會如此龐大[1]。

我們與他人和自己的溝通

「溝通」對任何互動都非常重要。事實上，很多爭論都來自於誤解，這不是一個科學事實，但我相信很多人對此都很有共鳴，畢竟，要解釋自己想表達的意思沒有想像中容易。我們會主觀地認為：他人會正確地理解我們，而且我們的意圖是很清晰的，但其實，有很多因素都會阻礙訊息的傳遞。

哲學家維根斯坦對「人類如何溝通」和「清楚表達的必要性」相當感興趣，他認為向某個人解釋某件事的過程，就像是試圖以最準確的方式將自己腦中的圖像轉移到對方的腦中。這個比喻不錯，因為我們的思考在很大程度上是視覺的。舉例來說，你想告訴一個外星人「我喜歡冰淇淋」，暫且先不管「喜歡」的概念，把重點放在「冰淇淋」，你會怎麼形容它？冷冰冰的、乳製的、甜甜的、五顏六色的、介於固體和液體之間，放在錐形蛋捲筒上的球狀物……但光這樣說，足夠讓外星人認識冰淇淋、甚至是冰淇淋的味道和吃冰淇淋的感受嗎？遠遠不足夠。

一般來說，雙方在溝通時通常不會有如此大的認知落差，因為彼此的生活環境都很類似，可是誤解依然很容易出現。例如有人說「喔是啊」或「不管啦」，可能的意思有很多，所以很可能造成誤解。如果想要多了解這點，電影《驚天爆》（Donnie Brasco）是一部不錯的、關於這些用語的教學影片。我們會需要複雜的語意技巧和社交技能，才能察覺「諷刺言語」，因此小孩子經常感受不到諷刺，而再好的AI個人助理也無法對諷刺做出適當反應。你不妨跟Siri或Alexa說些諷刺的話，看看會得到什麼回應。

再舉個日常生活中的溝通障礙例子：你希望你的老闆允許你帶狗上班，這個時候，你老闆想到的可能是隻嚇人的、骯髒的、吵鬧的、好動的大型鬥牛犬，但你想帶的其實是家中那隻悶悶的、懶洋洋的毛小孩。每個人腦中想到的圖像都不一樣，所以不難想見我們和人類同胞之間有多容易產生誤解。

溝通時，我們無法意識到「所有會阻礙我們清楚表達」的障礙。一般對話時，我們常預期接下來會聽到什麼、朋友這句話會如何收尾，而且我們會傾向堅持我們的預期（儘管我們常猜錯）。此外，雙方各自感知到的現實，都是被我們用不同方式曲解之後的結果，所以當兩個人在溝通時，實際上都是在試圖理解那個「被對方用不同方式曲解過的現實」。

更糟糕的是，我們都是從自己的觀點出發，去理解對方所說的話語、想法和感受，而且你以為你和對方的世界觀是類似的，所以常造成誤解。好比說，他說他的飲料嚐起來像荔枝奶昔（他的意思是不好喝，因為他討厭荔枝）；但你喜歡荔枝，所以你以為他喜歡這杯飲料。更別提人常常帶著惡意去誤解對方。誤解之所以出現，是因為沒有「觀點取替」（perspective taking）的能力，這是一種去理解對方在想什麼的能力，也就是我們說的「心智理論」（或心智理論能力）。我們其實很不擅長去猜測別人現在在想些什麼，但又會無比自信地認為自己有能力知道對方現在在想什麼。這樣的落差，也會使人與人之間的溝通危機四伏。

也許我們跟「他人」和「自己」溝通時的最大障礙，是我們無法了解為什麼我們會有這些想法和感受。先前說過，很多想法和感受的來源不在我們的意識範圍內，而關於「人的意識在幕後的處理過程」決定了我們多少想法、情緒、選擇和行為，如今學界已經有許多有趣的、近乎可怕的發現。潛意識有很多功能和好處。*有些潛意識運作會帶來一些跟「認知」和「情感」功能有關的好處，這些好處很有意思，好比說，有個跟認知功能有關的處理歷程叫「醞釀」。潛意識在「醞釀」時，會針對某個問題持續去鑽研、嘗試各種解決方案，直到找到最佳方案後，才會讓我們的意識頭腦知曉這個方案。事實上，思緒漫遊和DMN都和「創意醞釀」（creative incubation）有關[2]，當想法被醞釀出來並讓我們的意識知曉，我們會感受到某種真知灼見、某種直覺、某種預感，或某種「啊哈！」的頓悟——就是這樣的感受。

這些幕後的處理歷程可能相當無聊，因此，潛意識幫意識頭腦免去了這些負荷，讓意識頭腦不用去經歷這些枯燥的細節，而能去從事更有趣的心理工作。潛意識的另一個潛在好處是：它能幫助我們屏蔽掉那些尚待解決但我們目前還難以應對

＊我先補充一點：「潛意識」是個很有爭議的詞，因為這個概念還沒有被廣為接受的定義，許多科學家甚至不承認潛意識的存在。不過這些爭議不在本書的討論範疇，加上我會避開佛洛伊德對潛意識的一些主要主張，將重點放在我們不了解的心智歷程，所以目前有的這些與潛意識有關的爭議，並不影響到我們接下來要談論的內容。

的情緒和個人問題，直到我們準備好為止，不過，這方面的神經科學研究目前是少之又少。

事實上，我們在很大程度上會被我們的潛意識左右；我們以為自己掌控著自己的人生，但在很多層面上，這種掌控感是幻覺。實際上，是「潛意識」做出了決定，而我們只是利用了我們的意識覺察力（和創造力），盡可能去猜想、編造出我們為什麼這麼做的理由。邁克爾．葛詹尼加（Mike Gazzaniga）和約瑟夫．勒杜克斯（Joseph LeDoux）將負責這個機制的腦區稱為「解譯器」（interpreter），主張它位於我的們左腦。這很有趣也很奇妙：我們居然會因為渴望擁有對思緒的「掌控感」，而去為每個想法和行動編造出一個說法，好似所有思考活動都沒有脫離我們的掌控和主導。我們會如此鍥而不捨地去猜測想法和感受的來源，這在某種程度上讓我想到了「我們需要將一切事物命名」的這種需要；兩者都是要滿足我們在這世界上需要擁有「意義」和「確定性」的迫切需求。在很大程度上，是「潛意識」驅使著我們，而我們的「意識頭腦」為我們編造出解釋。

這不代表所有事情都是由潛意識替我們（或我們的意識頭腦）做出決定的。意識頭腦無疑在許多生活層面上（包含理性的、行為的、需要深思熟慮的層面上）扮演了重要角色，除了做出選擇，意識頭腦也會如決策者般，去控制我們對「來自潛意識的想法和決定」的接受程度，扮演著「守門人」的角色。柏拉圖曾經說過：我們如同駕著兩匹馬的車伕，一匹馬是高貴的（意識頭腦），一匹馬是桀驁不馴的（潛意識）。我們不是動物，不會跟隨著衝動和慾望行事，但衝動和慾望確實會讓我們經常在不明所以的情況下就做出行動，導致我們無法像我們所希望的那樣去控制自己。即使有些選擇看起來是全憑意識和大腦決定的，但可能還是或多或少受到了潛意識的影響；我們無從知曉，因為那是潛意識。

多年前我開始思考要不要搬回以色列住。當時我多次飛回以色列去檢視搬回去的可能性，有次等候轉機時，我打開筆電，列出了搬回以色列的好處跟壞處；我比較了工作面向（我在美國的職位和工作機會），也列出了家庭、學校、安全、財務等各種能想到的其他衡量標準，依據那張列表，搬回以色列並不是個好主意。但我記得我在闔上筆電的那一刻告訴自己：「好，我們要搬回以色列了。」那張表給出的建議跟我最終做出的決定完全相反，可見意識頭腦對最終結果影響不大。

儘管多年來，我們已經聽過不少跟潛意識有關的出色論述，顯見我們對潛意識的議題多麼感興趣，但我們實際上對潛意識的「內容」和「處理歷程」了解的並不多；相對而言，我們知道很多「意識」和「潛意識」之間的「認知」和「感知」差異。（補充一點：儘管目前學界對「無意識」unconscious和「潛意識」subconscious是不是相同的概念還沒有共識，但我在這裡是將它們視為可以互換使用的詞。）例如，意識頭腦會依序或按特定順序地去處理各項運作，一個運作接著另一個，但潛意識（或無意識）在處理訊息時會比較傾向平行處理。除此之外，意識頭腦的心智容量有限，認知表現會受到神經元素數量和心智負荷程度的影響，但潛意識則比較不會。

♪

我們不太能追溯是什麼驅使我們做出各種行為或思考，這就是為什麼我們幾乎無法理解自己，或向他人解釋我們的行為或思考，或向自己解釋他人的行為或思考。我們對自己存在的根源沒有什麼概念——大自然肯定有充分理由才會把我們塑造成這樣，可這卻導致我們的生活充滿了誤解。

或許我們該做的不是去解釋，而是任由潛意識運作，而不覺得有必要為此去編造出什麼敘述。要實現這種狀態、讓自己不執著於「擁有對想法和行為的掌控感」，冥想或許是個可行的方式；「平息內心的噪音」意味著放棄讓「意識」去試圖做出解釋。唐納德．溫尼科特（Donald Winnicott）曾經說過：不相信自己潛意識的人才會寫日記。而我，相信潛意識。

幾天前，我和奧利維亞一起吃午餐。一年前我們在冥想靜修的活動上認識，當時我們只是小聊了一會兒，在那之後我們之間僅有的互動是：她發了兩次訊息約我喝咖啡，但我直到近期才回覆。我們幾乎是完全陌生的兩個人，約吃飯、聊了一個小時，但我們卻感覺和對方很親近，像老朋友一樣。這怎麼可能呢？有些人我認識了更長時間，還是感覺跟他們沒那麼親近。一個可能的解釋是：我們的傾向會影響我們的感知，進而影響我們的溝通。人生很大一部份都發生在我們腦中。我和另一個人之間的關係可以是敵人，也可以是老朋友，這全都取決於我們腦中的想法。而正如我所提到的，我們不太有能力去了解自己和他人腦中實際上在想些什麼——這就是為什麼我們會將「推論他人心智」的思考，稱為「心智理論」；我們是去推出一個理論，不是真的知道。儘管如此，我們還是會不斷嘗試去做出推論，因為一個人在想什麼會影響「他／她的行為」，而對我們這些「行為接受者」來說，預測對方的行為是很重要的。

「心智理論能力」和DMN

「心智理論能力」有時候也稱為「心智化能力」（mentalizing），是我們不斷嘗試去推論他人的意圖、情緒或信念的能力，也是當我們在思緒漫遊時，以及在DMN裡面，第二個核心的想法內容。直到最近，才有研究將心智理論能力與思緒漫遊這兩者聯繫起來。我們來看一個具有開創性的代表性研究[3]，研究者檢視了受試者在「明顯有運用心智理論能力」情況下的fMRI活動，以及「休息（思緒漫遊）」時大腦DMN的fMRI活動，想找出兩者是否重疊，藉此檢測出兩者之間的連結是否存在。如果兩者重疊程度很明顯，就意味在思緒漫遊期間，DMN也參與了與「心智理論」有關的處理歷程。（事實上，這些研究者做的還不只這些，他們還探討DMN是否會調節與心智理論、自我參照的處理歷程有關的運作，如今這些都被認為是思緒漫遊時的核心想法內容。下一章會說明）。

受試者會看到幾張日常生活場景的照片，像是一家人圍坐在餐廳桌子旁，然後完成以下三項任務中的一項。在「自我」的實驗情境中，他們需要根據指令，例如「回想某次你與家人一起出去的時光」，去將那個場景與「自己」聯繫起來；這種指令會讓受試者根據他們個人的「自傳式記憶」（autobiographical memory）去檢索個人的經歷。在「展望」的實驗情境中，他們需要根據像是「想像一個未來你與家人一起出去的時刻」的指令去做出回應，這會讓他們想像出一個未來事件。在「心智理論」的實驗情境中，他們需要回答像是「試想一下：照片中的父親想到了什麼、感受到了什麼？」的問題，這顯然會讓他們試著去推測另一個人的思緒。

而作為對照的控制情境，則是讓受試者觀看看混亂的、無意義的圖片，但他們也需要如同在其他實驗情境時那樣，在鍵盤上按下一個按鈕作為回應。結果發現，三個實驗情境——自我、展望、心智理論——都會活化大腦的DMN，活化程度遠高於控制情境，而且三個實驗情境的活化模式高度重疊。這項研究告訴我們：DMN會參與一直在運作的「心智理論」的整個過程，也和「自我參照」和「展望」的處理歷程密不可分。

DMN並不是唯一一個與「心智理論」有關的大腦腦區，還有許多其他腦區也參與其中，像是杏仁核（amygdala）——經常被過度簡化為負責「情緒」的腦區；和腦島（insula）——與情境意識和生理、情緒、認知，甚至是運動等一系列功能有關。

我們目前還無法看見神經科學的完整面貌，但科學家對「心智理論能力」現有的認識，已經讓我們知道，人在進行視覺聯想時，會利用過去經驗做出預測。我們不只會接收視覺輸入，還會從記憶中提取各種線索，去幫助我們建構出對所見事物的理解，而這種聯想活動集中發生在大腦的DMN。

更廣泛地說，就像我先前解釋過的，**「聯想」是巧妙簡單卻非常強大的工具；大腦會利用「聯想」去進行記憶編碼和檢索，幫助我們預測未來**。當我們學到一個新資訊，我們會將「新資訊」與「記憶中與之相關的舊資訊」連結或聯繫起來，藉此儲存記憶，好比說，有一滴咖啡的形狀讓你想到大象，因此你將「咖啡滴」和「大象」連結起來，以此去編碼、記住它；又或者，你藉由某種模式或相似性去記住一串數字。我們也會利用「相關性」（relevance）做聯想，去對事物進行編碼。好比說，椅子和桌子相關、叉子和刀子相關、紅燈和停止相關，「有個暴怒的人靠近」跟「快逃啊」相關。大腦會記住這些具有統計規律性的共現狀況——因為一同出現的事物經常是相關的。

利用「聯想」去做記憶編碼，也有助於日後的資訊檢索。我們的記憶是一張巨大的關聯網，所有事物都與其他事物有某種程度上的連結和區隔，就像網際網路一樣，都是佈滿關聯式連結的巨大網路。「聯想」除了與記憶編碼和檢索有關，也是一種能幫助我們利用先備知識去替未來做準備的媒介，例如聽到火車聲，你會預期看到火車經過；在夜店裡看到有女生在對你微笑，你可能會想靠近；要去博物館前，你會知道要穿著適當的服裝、要帶錢、去一趟會待上好幾個小時。生活中再小的一步，都需要「基於記憶的預測」才能跨出，而當DMN中產生「聯想」，也就意味有「預測」在DMN和思緒漫遊中被產生出來。

如果不藉由「聯想」，我們的思緒如何能從巨大記憶網中的一個節點，前進到下一個節點呢？有學者認為，「心智理論能力」其實也是一種會用到記憶的預測。不過，我們利用聯想去預測外在世界會發生什麼事的時候，準確度比較高，但用來預測他人內心想法的時候，就不太準確了。**我們往往對於自己使用心智理論能力去解讀他人的正確性，感到相當有自信，但它們在很大程度上只是「模擬」而已，不是事實觀察；它們更像是「對方可能在想什麼、可能覺得如何、接下來可能怎麼做」的虛構場景，而且在很大程度上會受到我們過去經驗影響。**我們可能會這樣想：「她剛才甩了頭髮，又稍微斜視了一下，這是因為她對我感興趣。」或「他明明聽得很清楚，卻無視我，和我爸一樣，他也經常這麼對我。」當然，越了解一個人，我們做出的聯想和預測就越可靠，好比說，我可以很準確地預測出我的另一半或孩子臉上的神情意味著什麼，或者很可能成功預料到他們會如何回應我即將說出口的話，但套用在其他人身上時，我們得出的結果不會如我們希望的那樣可信。

大多數的我們，在大多數的時候，都不會意識到「我們推測別人意圖的時候，很像瞎子摸象」。神經科學家也辦不到。幾個月前我去麻薩諸塞州的劍橋市，約了我的兩個好朋友丹尼爾・吉爾伯特（Daniel Gilbert）和喬納森・斯庫勒（Jonathan Schooler）一起吃晚餐敘舊，他們都是傑出的心理學家，恰好也都有「思緒漫遊」的相關著作。晚餐時，丹尼爾告訴我他下週會去華府參加美國心理學會的頒獎典禮，因為他獲得了著名的「威廉詹姆斯獎」（William James Prize），然後他說典禮結束後，他的三個最要好的朋友會帶他去喝酒慶祝。當時我以為「他是想問我是否也想加入他們」，所以我說我想加入，然後他說他很歡迎我一起去。到這裡，看起來一切都很好。不過……等等，其實不太好。

接下來的幾天裡，我因為懷疑自己可能誤會了丹尼爾的話而備受煎熬。他是真的希望我去？還是只是出於禮貌所以沒拒絕？我是不是亂入了他的死黨聚會？如果我傳訊息跟他說我後來沒辦法過去呢？這樣會不會冒犯到他？我決定不要冒險自討苦吃，所以我傳訊息跟他說，很可惜我不能過去，丹尼爾一如往常地給了我溫暖回覆，但我也沒辦法去進一步知道我先前是不是真的誤會了他說的話。如果我想要知道他真的怎麼想，我就必須直接開口問他——這是最棒的做法，如果我們覺得有必要確認自己有正確理解對方的時候。因為很多時候我們做出的「心智理論」猜測是錯的，有時候甚至錯得離譜。

我們對他人做出的「心智理論」解讀，僅僅是我們建構出的場景，而不是觀察的結果，而且，這是我們的大腦會自動去參與的活動——看我們多常去預測朋友會如何說完一句話就知道了。但即使是這樣，我們還是經常猜錯，而且我們很難阻止自己去猜。有個有趣的研究可以證實這種強迫行為，這個研究探討了「坐在正在講手機的人旁邊」和「坐在兩個面對面聊天的人旁邊」對注意力和隨後記憶的影響，結果發現前者更容易讓人分心4。這是因為，在「講手機」的情境下，我們只會聽到一方談話，因此大腦會瘋狂地試圖去填補另一方的說話內容。

我們習慣在心中建構場景，然後去解讀他人，這樣會出現一個有害的影響：我們會快速形成對他人的第一印象，然後對這個初步判斷過於自信。要注意的是：第一印象嚴格上來說不是「心智理論」，更像是一種「性格理論」，但第一印象確實會影響我們如何推測他人的行為想法，所以就這層意義上來說，可以和「心智理論」歸成一類。後來，我繼續研究DMN在「預測」中扮演的角色。我探討了

「心智理論」的運作，發現「對他人的第一印象」最快可以在千分之三十九秒內形成[5]。至於我們到底有多麼忠於第一印象，普林斯頓大學的亞歷山大．托多洛夫（Alex Todorov）曾經做過一項實驗，結果發現，如果給實驗參與者看他們不熟悉的、來自某偏遠州的州長候選人照片，就能高度正確地預測出實際的選舉結果[6]。雖然這或許可以用「第一印象準得驚人」來解釋，但更好的解讀是：儘管州長選舉中會出現大量候選人的廣告和新聞報導，但選民主要會根據他們快速形成的印象去判斷要投票給誰。

到目前為止，我們已經介紹了思緒漫遊的兩個核心想法內容：「自我」和「他人」，也有研究者主張會有其他子類型的資訊和處理歷程在DMN中發生，但接下來，我會將重點放在所有這些資訊和處理歷程的「根基」上。

第六章 未來記憶：從想像出的經歷中學習

我對DMN在「自我」（想著自己）、「心智理論」（想著他人）以及其他功能當中所扮演的角色，相當感興趣，因為這些功能跟我一開始研究DMN時得出的發現相差得很遠。後來，我做了第一批與「視覺聯想處理」有關的研究，並發現到DMN具有「預測」傾向。我將實驗參與者送進fMRI機器，並要求他們辨識物件，藉此去查看他們大腦裡的哪些部分參與了這個處理歷程。一個早期的關鍵發現是：人們會因為看到物件位在不同環境，而對物件有不同感知。在這個早期的、同時也是我的第一個視覺聯想研究中，我利用漫畫藝術家哈羅．霍德森（Haro Hodson）繪製的美麗人物圖像作為研究素材[1]，下一頁有幾幅他繪製的圖像。

我們可以看見，儘管漫畫當中的資訊很少，但我們可以輕鬆地填補畫面中缺失

(a) 猶太教的教士。(b) 在酒吧裡戶外風格打扮的人。(c) 士兵。(d) 商人。(e) 地板上的女人。(f) 斜倚的女人。(g) 走路的女人。(h) 辦公室小弟。

的元素、辨識出這些人像。實驗時，我們將漫畫裡面的「個別物件」剪下，讓它們分別出現在「原有的」、「非典型的」或「孤立的」環境中。環境脈絡（包括周遭物件以及物件在空間中的相對位置）會直接影響受試者對「個別物件可能是什麼」的猜測。例如圖b當中的煙斗單獨出現時，受試者無法辨識它是「煙斗」，但如果將「那人的帽子」放到它原本在圖片中出現的位置，「煙斗」就能瞬間被辨識出來；圖c的「鈕釦」和圖g的「女士錢包」也是如此，只要在旁邊的適當位置放上相關物件，就能讓這些由像素構成的物件，從原本的無意義變成有意義。我們會如何「解讀」在環境中看到的物品，不只取決於物品特徵，也取決於物品出現在什麼樣的環境脈絡中。「聯想」產生預測，這些預測會共同幫助我們了解我們的世界。

「思緒漫遊」時的聯想式預測

我在「視覺聯想」這個逐漸發展的研究領域中意識到：視覺化的過程中，我們會不斷進行聯想思考，而這會徵用一大塊大腦皮質——一個相互連結的龐大腦區網路。當我將這個網路與DMN進行比較，我發現兩者的重疊程度十分驚人[2]。

這個發現一開始讓我相當困惑，因為當時大家都認為，DMN與我們早前提到過的「自我意識」和「心智理論」有關，所以，我到底該如何解釋「DMN也跟建立關聯性和聯想思考有關」？在思考這個難題時，我意識到：不管我們是在思考自己還是思考他人，我們都十分依賴記憶中資訊片段之間的「關聯」——資訊片段因為「反覆體驗」而有所聯繫。所以當我們思考自己在某個特定時刻是什麼樣的人，我們經常會回想起自己先前在類似情況下說過什麼、做過什麼。

我們的思緒會四處漫遊、建立連結。而思緒如何閒晃，可以用朋友在餐廳聚餐時的對話進展來做類比：約翰提到他在來的路上遇到大塞車，但他不怎麼介意，因為他剛買的新車立體音響很讚，他剛好趁這個機會調高喇叭音量，盡情享受音樂。約翰提到大聲聽音樂，促使亞歷珊卓說起她父親年輕時太過叛逆，在房間中大聲播放「死之華樂團」（Grateful Dead）的歌，結果導致聽力受損。這個時候，潔西可能會想活絡一下氣氛，因此轉移話題，說她希望等等餐廳可以有櫻桃冰淇淋當甜點。然後亞當可能會接話，說他很想吃冰淇淋當甜點（儘管他正在節食），然後滔滔不絕地分享其實「無脂飲食」對身體是有害的。然後約翰可能會說，媒體在報導健康議題時經常報導不實；接著服務生送餐過來，大家可能會安靜個幾分鐘，然後又繼續聊起新的話題、點燃新的聯想線路。

「聯想」是思緒漂移的工具。我們可以對「思緒漫遊」持有不同意見，認為思緒漫遊是物種演化過程中，經由自然選擇而被保留的特徵；也可以認為它是演化的漏洞，是擁有一個不斷會去聯想的大腦會有的副作用。但不論我們抱持哪種觀點，確定的是：聯想所促發的思緒漫遊有好處也有壞處。「大腦會去建立關聯」的這種傾向，是我們生活在世界上能夠找到前進方向的關鍵，卻也往往會把我們從當下抽離，使我們無法全然存在此時此刻。「聯想」就像是一種引力，一種吸引的力量，會誘使我們思緒去進行一個又一個的「聯想式跳躍」，而不會讓我們在某個心理位置停留太久。事實上，若想要讓思緒暫停這種自動的漫遊傾向，最好的方式是去積極抑制，但這並不總是可行，而且可能會讓我們付出昂貴的代價，像是消耗大量能量、對心情造成負面影響等。

大腦超級愛聯想的，原因在於，聯想能幫助我們每時每刻都在預測接下來會發生什麼。有些預測在本質上就是不周延的，例如預測股市何時大跌，或哪支球隊會贏得這場重大比賽；有些預測則存在著嚴重缺陷，像是我們剛才看過的「心智理論」預測；但還是有很多日常生活中的預測是相當準確的，也是我們能正常生活的關鍵。使用「基於過去經驗的聯想」，然後針對相關的、短期的未來去做預測，通常相當準確，例如預測吃太多巧克力會對我們身體有什麼影響。

♪

我們在生活中所做的大部分事情，都是基於根據過往經驗做出的「預測」，事實上，大量身心運作都仰賴「預測」。我們會不斷在腦中勾勒出「如果這樣，那就那樣」（if-then）的場景，而這些場景大多無聊又平凡：如果我在外面下雨的時候穿著正式場合的鞋子出門，那我可能會滑倒；如果那隻貓跳到餐櫃上，那會撞倒那個花瓶。我們覺得這些預測平凡無奇，是因為我們太常自動自發地，往往也是無意識地，去依賴這些預測。

後來我和其他研究者繼續研究「思緒漫遊」如何參與預測，過程中，有個發現讓我相當感興趣：**大腦在思緒漫遊時，經常會去做一種特定類型的預測：建構模擬情境**。DMN會忙著將「模擬情境」視覺化，變成一部又一部的迷你電影——也可能是長篇的。有趣的是，希伯來語中有個用來描述這種模擬思考的俚語，粗略翻譯過來就是「吃電影」（eating movies），而就跟電影一樣，這些模擬情境可以十分戲劇性。這些模擬出的場景，就和思緒漫遊時也會出現的「與自我有關的想法」和「心智理論預測」一樣，都非常有價值，能幫助我們做好準備，面對生活挑戰，但同時也可能會過度消耗我們的精力，因為有些模擬場景精細到令人驚嘆。

前陣子，我和我女兒妮莉從德國回來。我們站在行李輸送帶旁等候著行李，這個時候，好奇的妮莉走上前去，想看看行李是怎麼被放到輸送帶上的。突然間，我的大腦開始模擬一個場景：她的裙擺被捲進輸送帶卡住，她被行李輸送帶拖著走，周圍的旅客開始尖叫，我慌忙四處張望，想找到紅色緊急按鈕，停止行李輸送帶運轉，但我找不到，所以我跳上移動中的輸送帶去救她，把她的裙擺拉出，然後妮莉驚叫著說我們的行李來了。這瞬間我的思緒回了現在。幸運的是，我想像中的瘋狂場景並沒有發生，但如果發生的話，我已經知道了要怎麼辦。

我們模擬出的場景不一定都和災難有關，但我們似乎很擅長做災難模擬。我們會模擬出可怕的場景，好讓我們能為即將發生的事情做好準備，這似乎也解釋了為什麼「模擬機制」在演化上會比「珍惜當下的機制」來得更加重要。但不幸的結果是，我們會更常因為當下「人在心不在」，而錯過許多新奇有趣的事物，這些事物可以激發出創意想法、豐富我們的生活體驗。

心理模擬來自聯想元素

我們活躍的大腦所生出的各種預測，不僅可以用來建構出非常複雜的模擬，也是我們每個決策的根基。德國哲學家卡爾．波普爾（Karl Popper）有句名言：讓假設代替我們去死。這些基於各種聯想去做出的預測和模擬（大腦的整裝彩排），能幫助我們去權衡「決策樹」上各個備案的可能結果，選出預期能帶來最理想結果的行動：結婚還是不結婚（達爾文有份著名的結婚利弊清單）？我應該留下還是現在就走？午餐要吃什麼？要去南美還是東南亞旅行？要吃起司蛋糕還是巧克力蛋糕？這些都需要我們在腦中對各個備案的多種可能進行模擬，每個決定都是一個交叉口，至少有兩條路可走。

我們可以在記憶和過去經驗的幫助下，有意識或無意識地快速模擬出「預測結果」以及「備選方案的體驗將如何開展」，然後選出我們想要的。我們可以預期出「如果帶著鮮花回家」或「如果帶著亂買的東西回家」，另一半會是什麼反應；可以預見如果我們選擇吃下那條巧克力棒，我們的嘴巴、頭腦和胃部會是什麼感覺；可以想像一趟說走就走的旅行會花掉多少時間和金錢，會帶來多少樂趣。所有決定基本上都是被「預期獎勵（或懲罰）」所引導出的結果。我們喜歡獎勵，獎勵會引導我們做出行動。

我二女兒納迪婭想出了一個絕妙的方法，來做困難的決定：擲硬幣（我現在也會這麼做）。若有兩個選項，她擲了硬幣之後，先仔細觀察自己在看到擲硬幣結果的第一反應，然後依據這個反應，做出最終決定。這聽起來沒什麼了不起，但實際嘗試後我驚訝地發現：原本前一秒看似僵持不下的兩個選項，居然可以在擲硬幣的結果出現的那一刻，帶給我如此強烈的寬慰感或失望感，這說明了，就算我們對某個未來做出了再好的預測，但等到我們真正必須做出決定的那個時間點，先前的那個預測也未必適用。因此心理模擬的作用是有限的。

但並不是所有決定都是長時間模擬和深思熟慮後的結果。有些決定是衝動的、一時興起的，我們依據這些衝動決定而採取行動之前，腦中到底有沒有經過模擬，其實不清楚。「孩子」是很好的例子：他們沒有足夠經驗作為模擬的基礎，而且他們負責進行模擬的前額葉皮質也還沒有發育成熟，因此他們較缺乏抑制力，不太明白會有什麼潛在後果，也沒有辦法在決定前思考那麼多。有次我和兒子納歐爾去騎越野摩托車，騎到一個小山谷之前，我突然停下來查看地形，而沒有直接一躍而過。我兒子很沮喪地喊：「爸，你幹嘛停下？衝過去才好玩啊！」我跟他解釋，我需要先看看這樣躍過去安不安全，我要看看山谷另一邊是什麼，才能盡量避免意外。我告訴他在貿然越過山丘去享受刺激之前，我們需要利用資訊去衡量是不是應該要這麼做。他認為我弱爆了，但這是多年來的經驗教會我的。

除了衝動之下做出的決定，另一種沒有經過「模擬」就做出的決定類型，是比較自動化的決定。好比說，你在大熱天外出跑步，回家後自動想喝點冰的，是水還是蘋果汁並不重要。這種需求很明顯，似乎不需要模擬，甚至不需要決定，就是一種自動化的反應——大腦已經通過「過去經驗」徹底學到了某種狀態和某個行動之間有所聯繫。這是我們大腦運作的另一個巧妙之處：大腦會將經過充分學習的東西「自動化」，這樣我們就不用在每一次再遇到時，都再重新模擬一遍。

不過我們在做出大部分的決定之前，的確會先利用「記憶」和「過去經驗」去做出預測和模擬。如果要你想像一個陌生城市的某間圖書館是什麼樣子，或者去想像草莓醬加黑胡椒的味道，你可以通過「檢索、修正過去經驗」去獲得一個相當不錯的預期。我們對未來的模擬，主要是依賴過去經驗。如果要你想像「死後生活是什麼樣的」或「外星人是什麼樣子」，因為沒有真實經驗作為模擬基礎，我們會覺得自己所想像出的一切都是虛構的、毫無根據的、荒誕不經的。但如果是要你想像一頭獅子穿著粉紅色緊身衣，在月亮上的兩棵棕櫚樹之間綁著的吊床上看書，我們就完全可以想像得出來。

我們會把自己的經歷（有時候是用血汗和淚水換來的）儲存在記憶中，以備將來使用。但我們也會將我們想像出的經歷，當作是「記憶」一樣儲存在記憶中。模擬出的經歷跟真實經歷十分相似，只不過這種經歷是想像出來的，沒有真實經歷的傷痕。我們的大腦有個強大特質，可以將那些豐富、精細、訊息含量高的「模擬」，如同來自真實經歷的「真實記憶」一樣，儲存在我們的記憶當中，作為我們日後可以檢索的「行為腳本」。好比說，你晚上一邊開車回家，一邊計畫著晚餐要吃什麼。你從記憶中檢索你早上打開冰箱時看到的情景，想了想冰箱裡的食材、你知道的食譜，還有那些「告訴你想吃什麼」的身體訊號，然後你反覆琢磨，直到規劃出一頓晚餐的菜式。你最終模擬出的結果，也就是一個「計畫」，會被保存在記憶中，而在你回到家時，就會有這麼一個準備好了的、幾乎可以自動去遵循的「行為腳本」。

當然，我們也可以模擬出不那麼無聊（但實用）的腳本情境，好比說，你在印度搭乘一輛行駛在異國公路上的巴士，司機開得很快，在外地人眼中看來是有點不安全的，而且道路彎彎曲曲，這讓你開始思考「如果巴士翻車了該怎麼辦」。你想到你的身體、頭部、肩膀可能會遭受到的撞擊，想到如果巴士向左或向右翻滾你要如何做才能將傷害降到最低，想到你要如何幫助其他乘客，想到你要如何避免頭頂上方未被固定的行李砸到你。這種模擬就跟我們做的許多模擬一樣，可能有些天馬行空，發生的機率很小，但萬一真的發生了，你就是那個準備充足的乘客。

大腦可以從實際上從未發生過的經驗，以及我們的想法和想像中學習——這種能力不論我研究了、思考了多少年，還是經常感到不可思議。

模擬時，我們也可以喚醒「與想像出的經歷有關的」感受和情緒，這些感受和情緒有時候甚至會讓人感覺極其真實。我每年都會去佛羅里達州美麗的海岸線城市參加科學會議，我記得有一年我在飛機上，像往年一樣，開始在腦中不斷想像飛機降落後的情景：我先去拿行李，走去租車處租一輛紅色野馬敞篷車，開幾個小時的車到旅館入住，打開行李，換上跑步服在美麗的海灘上慢跑一小時，然後回旅館洗澡、下樓去旅館那間很不錯的餐廳吃飯，點了美味餐點配啤酒，吃完後回房間，查看一下明天的科學會議流程，看一部電影，然後入睡。聽起來像是完美的幾個小時，經過我詳細模擬過後，現在就存在我的腦中了，我感覺自己已經經歷了這一切，實際去做似乎也沒什麼意義，所以後來我選擇賴在床上。

「模擬」可以帶來很真實的體驗，這也解釋了為什麼「如果對某件事期望太高，結果往往會令人失望」，因為你早就在模擬的時候獲得了大部分的樂趣。相反地，若是期望不高，那麼你能體驗到的，可能會更豐富。不過，我從佛教教義學到的是：有時候最好是不要有任何期望。

生動的「模擬」還有個令人有些意外的作用：對抗「拖延」，讓我們在不太想做某件事的時候「動起來」。「模擬」可以拉近我們和真實事件之間的距離，讓真實事件更有可能發生。好比說，我癱倒在床上，不想出門跑步，然後，我開始仔細想像等一下去跑步的話會發生什麼：穿上跑步服、繫好鞋帶、把手機綁在手臂上、把房子鑰匙放到褲子後面的口袋、出門。接著我繼續想像我會經過的路線、在沿途會看到和感受到的事物。然後突然間，整個體驗變得觸手可及，我和「跑步」之間的阻礙似乎消失了。或許我們也可以從這個例子中看到「思想活動」和「身體行動」之間的一些重要聯繫。事實上，在腦中模擬考試準備過程，可以增進學習和學業表現[3]；在腦中進行模擬練習，可以幫助新手外科醫生更好地做好壓力管理[4]。這些是模擬可以帶來的其中幾項好處。

心理學家詹姆斯・吉布森（J. J. Gibson）創造了一個術語叫「示能性」（affordance），這個術語在感知和行動的研究領域相當具有影響力。「示能性」指的是「眼前物品本身的特性，能在多少程度上去誘發出某個特定行動」。示能性可以用來當成互動設計的指導原則，應用範圍不只是感知和行動的研究，也能應用在建築、廣告、產品設計等。詳細的模擬可以增加我們感受到的「示能性」，因此，當我們將跑步細節都設想完畢後，「去跑步」似乎就變得更加可行。「模擬」不僅會讓我們覺得這個可能即將發生的事件更加可行，也會讓我們想到跟這件事有關的感受和獎勵，像是跑步後的愉悅感，進而增加我們起身去做的動力。

以設計產品為例，設計者需要讓消費者能輕易想像出自己正在使用那個產品，因此設計上，應該要清楚呈現出產品預期的操作方式。事實上，當我們對事物有預期時，我們全身上下似乎都會對此有所反應，好比說，吃檸檬片或巧克力的前一刻，我們的舌頭會有「流口水」的預期反應，這有利於實際的味覺體驗，也能讓之後的咀嚼和吞嚥更加順利[5]。我們可以通過「模擬」去做好準備、欣然接受即將到來的體驗。

綜合上述，可以讓我們知道：透過關聯而儲存下來的記憶，能幫助我們做出預測，而預測能幫助我們做好準備，優化我們與環境間的互動，同時也是我們進行心理模擬的基石。不過，大腦的DMN（和它啟動的「思緒漫遊」）不只能讓我們想到「未來」，從更廣泛的意義上看，它還是個能讓我們展開「心智時光旅行」的偉大裝置，以及承載多元想法內容的平台。

心智時光旅行

「視覺重複」（palinopsia）是一種很奇怪的神經疾病：在刺激消失後，視覺圖像仍然會持續很長一段時間。好比說，你盯著你的狗好一會兒，然後把視線移到你正在閱讀的文字，卻看到狗的圖像覆蓋在文字上。這種現象的來源可能有很多，包括視覺皮質損傷、癲癇發作、神經元過度激動等；看見的幻覺可能與環境有關，也可能是在腦中生出的，而且可能會伴隨許多其他症狀。但不論如何，都會使人相當心累。「視覺重複」並不常見，但「視覺重複」確實能讓我們了解到「純粹感知」的可貴，以及「混亂感知」可能具有的破壞力。

想像一下，你看到的世界是「三個不相關的圖像疊加在一起」，就像是把簡報的畫面或電影底片疊加在一起時那樣。我們以「海灘」、「會議室」和「特寫的臉」三個圖像為例，假設你想專注觀看那張臉的圖像，但另外兩張圖像會不斷分散你的注意力，使你很難看清那張臉的特色和細節。**我們大多數人就是在這樣複雜且相互疊加的混亂狀態中生活，卻渾然不覺**。你的想法在任何時候都會包含三個面向：現在（眼前事物）、過去（隨機回憶，或與當下有關或無關的回憶）、未來（規劃某事、權衡後果或純粹擔憂），有點像羅馬神祇雅努斯（Janus）——祂的兩張面孔分別看向過去和未來，而我們的思緒則同時思考著三個面向。

試想一下，你的工作記憶中同時保留了你嘴裡那條巧克力棒的味道、一分鐘前你購買巧克力棒時與收銀員的對話、你嘴饞吃了巧克力棒而欠下的運動債等三者。你腦中同時存在著各種與現在、過去、未來有關的快樂、內疚、圖像和文字話語。同時有這麼多需要並行處理的處理歷程在競爭著你的「心智容量」，你又如何能沉浸在當下、沉浸在生活本身呢？

大腦擁有驚人、強大且實用的「心智時光旅行」能力，經常會跨時空、跨主題地進行思緒漫遊，而我們應該控制好這個能力，讓自己從中獲得最大利益。我們需要能穿越到未來去做規劃，或回到過去從錯誤經驗中學習，這是肯定的，但我們也不希望這種「心智時光旅行」的能力去干擾我們享受當下，所以「心智時光旅行」的能力是恩賜也是詛咒；它在幫助我們做準備和回憶的同時，也奪走了我們的現在。

最近我偶然看到一個大型活動的影片，講者正在推廣「當下的力量」。他提到他很少想起過去，但我覺得他這樣說並不正確。我們可能沒有意識到大腦正在進行「心智時光旅行」，也可能可以訓練自己去更有意識地專注在當下，但我們不可能不想起過去。如果我們腦中沒有過去經驗去幫助我們推導出下一步該怎麼做，我們可能連過個馬路都做不到。大自然早就已經替我們做出了決定：我們必須仰仗「我們所累積的經驗」來度過這一生。過往經驗會被儲存在記憶中，通過自上而下的機制傳遞給你，所以如果你永遠活在當下，也就意味著你無法從你的一生經歷中受益。

有一句我很喜歡的話是：「自由的代價是永遠保持警惕。」這句話可能出自美國總統湯瑪斯・傑佛遜（Thomas Jefferson）或政治家約翰・菲爾波特・庫蘭（John Philpot Curran）。在我的想像中，「探索」是最接近自由的一種行為，但「探索」不只和「學習」、「有趣冒險」有關，也需要我們時時保持警惕、不依賴記憶。長期處在這種高度警惕的狀態代價是很高的，也很危險，因此，大自然為什麼要讓我們仰仗記憶和經驗過活，其實不難理解。但當然，我們時不時可以在人生中冒險去高空彈跳一下，但如果我們一直處在這種狀態，是走不了多遠的。

關於剛才提到的「心智時光旅行」，詩人阿爾伯特・卡埃羅（Alberto Caeiro，原名 Fernando Pessoa）曾經寫道：

你說，人要活在「當下」；
只能活在「當下」。

但我不要「當下」，我要「現實」；

我要真實存在的事物，而非度量它們的時間。

什麼是「當下」？

是相對於過去和未來的概念。

因其他事物存在而存在。

我只想要「現實」，不含「當下」的真實事物。

我不想把「時間」納入我的計畫。

我不想將事物視為「當下」；

我想將事物視為「事物」。

我參加過幾次內觀靜修，靜修時，我經常忍不住去想：這些從國外過來幫我們上課的資深老師，怎麼可能在「不想到未來」的情況下做出旅行規劃？除了要在日曆上做標記、挑選出最佳行程、與其他計畫整併、考慮往返機場的交通問題、思考要帶的行李、盤點「要挪出這段時間空檔」會需要完成的事情，還要針對各種潛在的意外狀況（像是飛機誤點、錯過轉機等）事先想好應對方案，所有這些都需要我們利用過去記憶去對未來做出模擬。顯然，我們不能一直停留在當下，否則人類也不會成功登上月球或取得這麼多成就。我們的大腦是積極活潑的，天生就是為了幫助我們去做規劃、做準備，要去對抗這種天性是很困難的，也不明智。即使我們可以完全克制自己不去規劃——好比說，我們生活在一個山洞裡，所有需求都能被其他人滿足，而我們也完全沒什麼好擔心的——但在我們不知道的情況下，還是有很多規劃在腦中進行著。就連伸手去拿杯水，我們也需要執行一個會去提前優化未來的「運動規劃」：你的手臂要伸多遠、多快，需要多少肌肉張力？你的每根手指頭要張開到多大、你要用多少力氣去握住玻璃杯，才能不讓玻璃杯從手中掉落，又不讓玻璃杯因承受過大壓力而碎掉？一部分的我們總是忙著在做某些規劃，但規劃並不是全由DMN負責，而是會有其他更專責的腦區參與進來。而我們需要去掌握的秘訣是：將規劃限制在特定情境或用途上。從這個意義上來說，「正念冥想」能幫助你在未來花最少時間在最有必要的規劃上，並在過程中覺察或意識到你的腦中正在進行什麼規劃。

思緒漫遊、白日夢和「遐想」（reverie）——這裡所說的「遐想」偏心理治療用語，如托馬斯・奧格登（Thomas Ogden）所採用的定義——會共同創造出多種類型的想法內容，但共通點是：不同的「想法內容」和「處理方式」都能幫助你完成某件對你有益的事，但同時也都在暗示你：你偏離了你手邊的目標任務、沒能完全專注在當下。如果你正在做某個需要高度專注力的特定任務，像是填字遊戲、開跑車、做愛等，因為此時你的大腦要忙著處理手邊活動（每個活動都有對應的專責腦區、網路和神經元活動模式），所以DMN不會出現太多思緒漫遊的想法。不過話說回來，大多數的日常任務對我們來說都很容易，不會去佔用到我們全部的精神資源，而這些未使用的精神資源就能被用來進行思緒漫遊，讓你思考一些跟你當下正在做的事情無關的內容。

綜合以上所說，大腦進行各種不同類型的思緒漫遊時，DMN不是二元的「有無被佔用」，而是有佔用程度高低之分，包含以下幾種可能：你正在投入一項非常耗費心力的任務，沒能留下任何精神資源去進行思緒漫遊；你正在從事一項需要中等專注力的任務，留有部分精神資源可以讓你進行部分思緒漫遊和預設行為；你根本沒有任務在忙，只是在洗澡或被堵在路上等，所以整個或至少大部分的DMN都在忙著進行與手邊任務無關的自發性思緒漫遊。或者還有一種特別常見的可能是：你應該要忙於某項任務、需要很專心地聽或看，但你走神了。上課時做白日夢就是一個例子：當你這麼做時，意味著你沒能抵擋住大腦想展開「心智時光旅行」的渴望，因此沒能去做成你唯一需要做的「聽課」任務。

喜劇演員史蒂芬．萊特（Steven Wright）曾經打趣道：「我想做白日夢啊，但我的思緒一直在漫遊。」這個笑話好笑的點在於：我們都知道做白日夢時，思緒就在四處漫遊。不管有沒有任務在忙，大腦都在飛速轉動著。如果沒有特定目標要實現，我們的大腦就會去做白日夢，去幻想，去反芻、糾結或回憶過去，去擔心未來等等。但有件事是肯定的：大腦永遠不會閒著。

第七章　當我們不再被新鮮事吸引

人天生就容易被新事物吸引，廣告商也一直都很清楚這點。研究兒童發展的研究者發現：即使是嬰兒，也能明顯看出他們比較喜歡看向新事物，而不是之前就看過的東西。這種很早就出現的、對新事物的偏好相當明顯，也禁得起驗證，因此，許多研究者會利用這種偏好來研究還不能說話的嬰兒的識別能力，例如，先給嬰兒看一顆番茄，然後再給他看一顆番茄和一根黃瓜，於是他會看向黃瓜，這告訴我們：他認為番茄是熟悉的事物，他的大腦會讓他將專注力放在新事物上。這也解釋了為什麼嬰兒會花那麼久的時間去檢視一根迴紋針，因為他沒有看過。

新事物如何為未來效力

我們為什麼會深受新事物吸引？答案牽涉到「記憶」在我們的生存當中，扮演了什麼角色。我們希望自己能預測接下來會發生的事，做好最佳準備，也希望能利用記憶中的過去經驗去預測、模擬未來。而新的事物超出了我們的預期範圍，所以我們會詳加檢視，將它放入我們的記憶資料庫，以備未來不時之需。我們對新事物感興趣、對新事物來者不拒，這讓我們得以擴大自己的準備範圍，這也是為什麼我們會被新事物吸引。畢竟準備越是完善，生存和成功的機會也就越高。

我們如何利用過去經驗去為日常生活做出預測呢？我們活潑大腦的運作架構是：當我們處在某個特定情境，我們會立刻試圖從過去經驗中找出一個可以去類比的類似情境1。我記得第一次帶我父母去波士頓時，我很訝異我父親一直不斷將這些地方與他以前看到過的另一個地方做比較。我們同樣也會將第一次見到的人與某個我們已經認識的人做比較，好比說，每當有新演員亮相，大腦就會立刻開始尋找這個人讓你想起的另一個人。傑出的視覺科學家大衛・馬爾（David Marr）曾經說過：我們視覺系統的作用是讓我們知道「是什麼在哪裡」[2]。但當我陪著我父母走在陌生街道上時，我突然發現：**大腦在遇見任何事物時，第一個問的其實不是「這是什麼？」而是「這像什麼？」**我們會通過快速類比，將新輸入的資訊與現有記憶連結起來，讓自己擁有由經驗累積出的「知識和關聯之海」。看到一款新型椅子，即使以前從未見過，你還是會將它識別為一張椅子，因為這張椅子和你之前就知道的椅子擁有足夠多的共同特徵（椅腳、支撐物等）。連結一旦建立起來，你就可以知道它的功能、它的大概重量，甚至是它的大概價格，雖然你從未見過這個特定產品，但你還是能知道所有這些資訊。我們對環境的解讀和預測能力取決於我們的過去，但因為我們每天極其頻繁地、不斷地使用這種能力，去檢視我們以前從未看過的東西（並在隨後馬上得知大量資訊），因此大腦的這種強大能力經常沒能得到足夠重視。

我們會演化出「特別關注新事物」的特質是可以理解的，畢竟，那些我們不熟、沒能預料到的事物有可能會對我們構成威脅。事實上，大腦的預設就是把新事物解讀為「危險事物」。我記得在一個波士頓冬天的下午，當時我坐在後院，突然感覺右邊臂部好像被刀還是針深深扎了一下，那一刻我害怕極了，趕緊起來查看，然後看到一滴水——那是頭頂上方融化的冰柱滴落的冰冷水珠，恰好落在我毛衣和牛仔褲中間的空隙。在沒有事先預期的情況下，我們的解讀就可能會如此戲劇化，所以我們每天每分每秒的感受，大多是被我們所預期的。這聽起來會讓人覺得，生活好像是可預期的、無聊的，但我們的預測能力就是如此無處不在。我們會不斷利用自身經驗去預測我們的感受、反應或電影結局等。

冰柱的小故事也讓我們知道：我們不可能只是去感受、感覺，而不賦予它們「意義」。我感覺到某種感受，接著我的大腦會飛快尋找一個解釋。如果我能像在正念練習時或其他冥想練習時所鼓勵的那樣「只去感受」，那我被冰水滴到的當時，可能就能夠以觀察者的角度去觀察那個感覺，而不會如此驚慌。但這不是我們的本能反應。實際狀況是：我沒有預測到會有那個感受，也不能「只感受而不做解讀」，所以大腦就為那個感受賦予了一個意義。

上一章我們提過一個用漫畫人物圖像進行的實驗，從那個實驗中我們知道，「不明確的物件」需要有情境資訊，才能讓我們辨識出它的身份和意義。除此之外，我們也知道模糊的吹風機影像出現在工作檯場景時，看起來會像「電鑽」，而出現在浴室或髮廊的場景時，看起來會像「吹風機」[3]。類似的例子還有，當bank這個詞出現在跟「河流場景」有關的詞後面（例如「水」），會被解讀為「河岸」，但如果前面有像是「存錢」之類的詞語，就會被解讀成「銀行」[4]。但在我們能利用情境資訊消除歧義之前，我們會傾向以負面方式去做解讀——如同我剛才提到的冰柱插曲[5]。

將「新獲得的資訊」和「舊有的思考模板」結合是一種巧妙的心理機制，能讓我們在生活中盡量獲得「意義」和「確定性」，不過這種巧妙的機制也有很不好的一面。顯然，我們需要在下面兩種情境中做出權衡：要麼努力保護自己、依照我們的理解將感覺賦予意義，並盡快做出反應；要麼不去解讀，只單純去感受，但這樣就會把自己暴露在潛在危險當中。「什麼時候採取什麼方式」取決於我們的意識和實踐。

感知記憶

我們從小就不斷接觸周遭的世界，並從中累積經驗和知識，慢慢地在記憶中打造出一座「記憶圖書館」，收藏內容包括了這世界如何運作、這世界上的人事物如何運作、要如何做出最佳應對、我們喜歡什麼、想要什麼、害怕什麼等等。我們不斷努力讓這座圖書館的館藏更豐富，而我們所擁有的館藏，反映出我們比較容易被什麼吸引，以及我們在每次經歷之後會在記憶中留下什麼。當我們碰上一個新體驗——某種情境、某個刺激、某張圖像、某段文字、某段對話、某個人、某部電影、某家餐廳——我們會有效運用這座圖書館來幫助我們以最佳方式去解讀或應對這個新體驗。這種既有思考模板對新體驗的影響是自上而下的。想要快速、有效率地理解我們的世界，一個很有效的方式就是利用「經驗」去產生「預期」，但我們的理解還會受到其他因素影響，例如來自高層次皮質區的成見、慾望和偏見等，它們會自上而下地影響我們，導致我們無法對周遭生活做出最真實準確的理解。

在康德的哲學思想中，我們對世上事物的感知，與他所謂的「物自身」

（thing-in-itself）是不一樣的。我們關注的事物有它的實際特徵（即事物自身），也有我們眼中它的樣貌。「物自身」與我們在觀察的物體或現象的實際屬性有關——紅的嗎？有弧度的嗎？很大嗎？很遠嗎？——不管是誰在觀察，也不管是不是有人在觀察，這些屬性都不會有所改變。正如康德所說：「事實上，當我們有理由將『感官對象』（objects of sense）僅僅視為一種『現象』（appearance），也就承認了『現象』是以『物自身』作為基礎——儘管我們所知道的並不是『感官對象』的『物自身』，而僅僅是它的『現象』，也就是我們的感官被這個未知事物影響的方式。」[6]

「物自身」是事物的真實，而我們感知到的是個人所理解的真實。這是我們生活的方式，我們一直以來都是這樣生活。德國哲學家暨悲觀主義代表人物叔本華曾經著有《作為意志和表象的世界》（The World as Will and Representation）一書，分成四卷，書名的「意志」和「表象」分別對應康德主張的「物自身」和「現象」。叔本華在這本書中支持了康德的觀點，並做出了有趣延伸。這也再一次指出：我們的大腦會讓我們對自己的主觀感知充滿信心。有些飛機駕駛艙裡的「油量」或「高度」等關鍵參數，每一種都會加裝冗餘的第二套儀表，因為有時飛機做了一陣子翻滾、俯仰之後，飛行員可能以為自己確定知道飛機現在的飛行姿態為何，比儀表還準確，所以必須裝設第二套儀表，好讓飛行員清楚掌握飛機現在的飛行姿態。因為儀表所指示的是「物自身」，而不是自己主觀、容易改變的感知。

我們越來越依賴我們已經知道的事物，越來越不依賴「必須要重新去感知的事物」。經驗越多，我們就越會透過記憶的「鏡頭」，去解讀生活的每時每刻。令人感慨的是：過了一定年紀，我們就不太會感受到新奇感了——因為大多數日常生活的狀況我們都曾經以某種方式經歷過了。我們對周遭環境的探索越來越少，周遭環境變得越來越熟悉，不需要我們去仔細觀察了——反正都經歷過了。那個曾經會對周遭所看到、聽到、感受到的一切事物敞開心扉，被一切事物深深吸引的那個美好的我們，無情地走遠了。

我們太想找到預期的事物，以至於即使某個事物不存在，我們依然能看到它。不少研究利用著名的「卡尼薩三角形」（Kanizsa triangle）一再證明了這種現象。「卡尼薩三角形」會使人以為該圖的中間，存在著一個白色的、沒有邊線的三角形，但這是一種視錯覺；該圖是由三個「吃豆人」（Pac-Man）所構成的，讓我們有種三個「角」相互對齊的印象，所以大腦就自動幫我們把資訊補上了。我們在「期待會看到三角形」的地方，果然看到了一個三角形，甚至因為太過期待，所以最早接收和處理視覺訊息的視覺皮質區神經元也會以「像是看見實際線條的方式」去對虛構線條做出反應[7]。漸漸地，「感知」與其說是在對實際存在的特徵做出真實反應，更像是在反覆確認它是否符合我們基於記憶所產生的「預期」。

神經科學研究後來也發現，會出現這種現象，是因為前額葉皮質自上而下地對某物「應該是什麼」做出預測，並將訊息提供給最早接收和處理視覺訊息的視覺皮質區神經元、告知這些神經元「應該要期待什

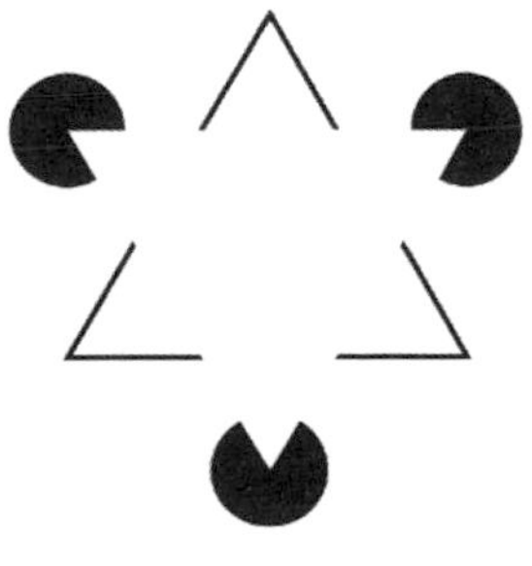

麼」，而不只是單純地讓神經元將觀察到的原始資訊傳送到大腦的顳葉皮質，由顳葉皮質去做最終的物體識別。如果只有自下而上傳遞而來的訊息去驅動感知，我們看到的會是三個「吃豆人」，而不會看到不存在的白色三角形。「感知」同時涉及「大腦自上而下」和「感官自下而上」傳遞而來的訊息，理想狀況是：「自下而上」傳遞而來的訊息能提供與周遭環境有關的物理資訊，再通過「自上而下」的處理歷程將這些感知賦予意義。但正如我們看到的：有時候，我們會過度利用先備知識。

靈活可塑的大腦能讓心智更強大

前陣子我在特拉維夫的公園晨跑時，遇到了導演昆汀．塔倫提諾（Quentin Tarantino），他在一條小路上散步，旁邊有心不在焉的年輕媽媽和小嬰兒、有垃圾，還有烏鴉。他一直是我最喜歡的導演之一，但這次遇到他，我雖然興奮，卻沒有欣喜若狂，只是因為幾週前我已經在附近的咖啡館遇到過他，當天還有些幼稚地告訴他我是他的粉絲。就是這一面之緣，讓我有幸再次遇到他時反應明顯平緩了許多，這也展現了大腦的適應力。

「適應力」是大腦值得擁有的特質嗎？當然！在最新的這波疫情中，「適應力」幫助我們所有人快速適應了新的生活常態，包括戴口罩、保持社交距離、加強注意衛生等，但並不是所有情況變化都應該去適應。當我們徒步在叢林行走時，我們可不希望大腦會去「適應」獅子或蛇的存在，反而會期待大腦隨時保持警惕、留意可疑跡象。同樣地，我也不想去「適應」走出家門後只需要走十分鐘就能到達美麗的地中海海灘；我更希望每天我都能因為距離美麗的海灘這麼近，而感到雀躍激動。

正如先前提過的，關注新奇事物是大腦的天性，大腦會去適應不熟悉或意想不到的事物，好讓我們能夠生存、學習、成長。這也是為什麼隨著熟悉度增加，我們能感受到的興奮感也會越來越少。每當有新刺激出現，不論是第一次吃到芒果、第一次看到血，還是第一次坐雲霄飛車，都會引起神經元的最大反應。隨著新奇感消失，參與反應的神經元數量會減少，對新奇事物做出的反應強度也會減弱，而隨著神經元反應減少，多巴胺等神經傳遞質也會減少釋放——多巴胺是一種能幫助我們從快樂和新奇感中體驗到快感的化學物質。至於「熟悉感」，多數情況下能帶給我們的「酬賞」比較少。

在經歷幾次地震和季節性颶風後，我們的大腦會「適應」，這種適應機制就是讓我們二刷《黑色追緝令》（Pulp Fiction）電影的時候，不會如第一次觀看時那般享受。也就是這種適應機制，讓我們在吃著最喜愛口味冰淇淋的時候，並沒有特別感動。我們會對美好的事物習以為常。另外，「熟悉」帶來的厭倦感，也會讓我們對人際關係感到厭煩，或選擇結束一份工作。顯然，我們之所以能容忍生活中的糟心事，是因為我們擁有快速適應的能力，但這種強大的適應天賦的代價是：一旦我們「適應」了美好事物，就無法像先前那般享受了——這是痛苦的權衡取捨。

此外，我們也不確定「適應負面事件」是否符合我們的最佳利益。我們真的要習慣各種糟糕的事情嗎？配偶施暴、死亡車禍、暴政壓迫等等，都是人們在不該容忍的狀況下去適應、去容忍的例子，類似的例子還有很多。當我們第一次在新聞中聽到總統利用言論去撕裂族群、分化國內、滿口謊言，聽到科技巨頭出售平民的個資，我們會感到震驚。但現在已經不會了。似乎因為爛事反覆出現，我們已經對那些會讓我們父母輩感到震驚的觀點和行為見怪不怪了；我們只是嘆了口氣，然後就繼續看下一則新聞了。

這個因為「演化」而產生的、有利有弊的機制，我們有辦法繞過它嗎？我們能不能按照自己的心意，選擇性地控制我們的適應機制，讓自己能像「新嘗試」時那樣去享受我們已經很熟悉的舊事物？（你能想像，與老伴的每個吻，都像初吻那樣，這會是什麼感受嗎？）我們能不能抵抗適應機制，在不該適應的時候不去適應？其實，正如我們會拋棄先前曾害我中毒的食物一樣，我們對於腐敗的領導人、施虐者、長期拖延的技術人員，也都應該保留一開始遇到時會生出的厭惡感。

如同大腦會面對的許多挑戰一樣，僅僅「意識到這個現象」，就已經解決了部分問題。但在極端情況下（例如已經習慣了某些錯誤的現狀），這時候，我們就會需要思想以外的力量來提醒我們。我們可以想像，孩子會問出一些我們從來沒想過的問題：為什麼湖水今天是藍色的、明天是綠色的？rule of thumb這個片語的典故從哪裡來的（拇指法則；經驗法則。查查看吧，這個片語的典故也是一個不該成為標準規範的例子）？你可以偶爾去重新檢視一下原本已經讓你感到麻木的事物，讓自己「成為」那個孩子。

有時候我們會想忠於自己，而選擇不要去習慣那些與我們價值觀相悖的資訊。我們有時會需要採取「選擇性注意」或「選擇性適應」的策略。某些人很自然就能做到這點，例如我已故的祖父有個經典故事：有次家族聚會中，他打斷了大家進餐，要求大家專心思考「叉子」這個東西是多麼偉大的發明，沒有叉子我們怎麼吃飯呢？此外，他每天午睡起來後，都會津津有味地喝著咖啡，熱情數十年不墜。但不是每個人都那麼幸運，能長時間發自內心地去欣賞生活中這些再熟悉平常不過的事物。不過我倒是遺傳了祖父「欣賞例行事物」的特質，每次我寄出電子郵件後，沒幾分鐘就收到遠方朋友的回覆，都會非常興奮，還會衝進學生的研究室宣布這個好消息。

除了經常去意識到自己適應了什麼，我們還可以通過其他方法去培養出「如初見般的新鮮視角」去看待熟悉環境的能力。冥想就是其中一種，但不限於任何特定做法。大腦會不斷回溯記憶，好讓過去經驗能提供充分資訊，指引我們的未來行動。但如果我們現在恰好想要好好享受當下體驗，這種能力就會變成一種阻礙。人類演化時，很合理地會優先考慮生存能力，而非珍惜當下的能力，因此，要拿回屬於我們的珍惜當下的能力，我們需要小小地抗爭一下。好比說，如果我們可以叫大腦暫停查看過去記憶和經驗，好讓我們等下欣賞花朵時，能像初見時那樣去欣賞花兒之美。這不是我們的本能反應，但卻是有可能做到的。每當你發現自己陷入舊有的思考模板時，就斷開記憶——哪怕只是為了重新評估自己一路以來未經思考就去適應了的事物。

第八章 思維模板和邊界限制

我們會尋找熟悉事物，好讓我們在探尋新事物時能忽略它。為了做到這點，我們會在遇到已知事物時，將它們貼上有意義的標籤：花朵、車子、食物。但「貼標籤」並不足以滿足我們對「意義」的需求。

人，不管看了什麼，都瘋狂的想找出其中的「意義」

「感覺剝奪艙」（sensory deprivation tank）又稱「隔離艙」，是一個沒有光線、完全靜音的艙室，裡面裝滿和皮膚溫度相同的鹽水，而飄在水中的人聽不到、看不到，也沒有太多感覺。這聽起來是放鬆的，但這種與外在實體世界脫節的體驗，一般來說會讓我們感到相當不自在——所以「感覺剝奪艙」還曾被當成折磨工具。由此可知，「思緒漫遊」雖然有許多好處，但對我們而言是不夠的；我們需要一個外在世界，一個有意義的外在世界。

要說明我們對外在世界的需求，最奇特的例子或許是一個叫「囚犯影院」（prisoner's cinema）的現象。有些曾被拘禁在黑暗牢籠的囚犯，以及卡車司機、飛行員和高強度的冥想實踐者都提到，他們曾經看到不存在的光線和顏色，時而抽象時而具體。有些人甚至發現這些描述和新石器時代的洞穴壁畫有相似之處[1]。對於這個現象，一個普遍的解釋是它與「光幻視」（phosphene）有關。希臘字的意思大致是「光影秀」（light-show），亦即在沒有外在光線刺激的情況下，看到光的現象。這種現象的成因可能是因為有物理壓力作用在眼睛上（像是揉眼睛時我們會看到光），也可能是視覺皮質的自發性活動。同屬這類症狀的，還有像是會導致盲人看到複雜視幻覺的「邦納症候群」（Charles Bonnet syndrome），以及讓聾人聽見音樂幻覺的「音樂耳症候群」（musical ear syndrome）。這類現象和相關解釋很多都是根據個人陳述，不一定有科學根據，但它們確實表明了：我們的身心系統多麼需要一個「外在世界」——即使這個世界只能被幻想出來。

雖然「精神生活」感覺上相當個人，但它卻是由我們周遭的世界所塑造的。反之亦然：我們的內在世界也會影響我們對外在世界的解讀。我們會將外在世界的現實轉化為我們自己的「現實」。這幾乎是本能：我們會利用自己熟悉的意義，去解讀和「裝點」新來的訊息，好讓我們覺得自己成功理解了這個訊息。或者，我們會將事物放進記憶中原有的「盒子」（或模板），好讓自己覺得自己具有更好的掌控人生的能力——「熟悉」讓我們感到自在。

我們一定會用自己熟悉的用詞去解讀某種情況，正如我們一定會給聲音命名、給氣味貼標籤、給我們嚐到的味道分類一樣。這就是為什麼許多人討厭抽象藝術或其他不好解讀的藝術形式，因為我們必須要將我們遇到的事物貼上名字和標籤。我二女兒納迪婭很小的時候，有次我抱著她去博物館看見波洛克（Pollock）的作品，當時她的反應是「他（畫家）應該要把自己洗乾淨」——她很快為作品找到了一個標籤。她年齡稍長，曾主動要求做注意力不足過動症的測試（我的三個孩子都從我遺傳到了注意力不足過動症），一開始我跟她說這沒必要，因為我不想讓她吃藥，所以她必須和我一樣自己克服這個病症。她回答說，她不是想要吃藥，她只想要獲得一個診斷標籤，這樣她就可以知道自己有什麼樣的狀況，可以將它放進「腦中的盒子」，可以在更了解自己的狀況下繼續生活。

請你抬頭看看天上的雲。你有辦法不去將雲的形狀命名、不去想到它們看起來像什麼嗎？即使你的大腦知道雲是由乾燥的空氣、水和冰粒組成，但在大腦告訴你「這團雲看起來像一隻站在籃球上的大象」之前，大腦永遠無法平靜下來的。正如漢娜・鄂蘭（Hannah Arendt）所說：「我們需要理由，不是因為想追求真理，而是因為想追求意義。」比起真理，我們更想獲得意義。

我們還會把沒看到的東西，看成我們知道的東西

有些人生來就有嚴重的白內障，基本上是先天性失明的，而在白內障治療手術開發出來後，他們的生活明顯有了改善。我們可以從麻省理工學院教授帕萬・辛哈（Pawan Sinha）在印度做的人道主義服務獲得一些啟發。辛哈在印度創建了一

個幫助盲人恢復視力的計畫，除了能在醫療和福利層面上幫助到盲人，還是一個獨特的研究平台，用來檢驗著名的哲學問題，例如「莫利紐茲問題」（Molyneux's Problem）。這個問題要探討的是：一個在過去僅能通過聽覺和觸覺去感知世界的盲人，如果有天突然恢復視力，他能不能只用看的就區分出球體和立方體等形狀。奇怪的是：似乎是不行的。

不過，和我們的討論更相關的是：這些剛恢復視力的人（以及觀察他們的人），如何描述他們在手術過後逐漸改變的「對世界的視覺感知」。他們提到深深的挫敗感和敬畏感，也描述了一些「對於一個本來看不見、現在能看見的人來說，這個世界看起來是怎麼樣的？」的有趣描述。一開始（通常在恢復視力的最初幾天），他們看到的不是物體，而是色塊。「草莓」只是一個紅色圖案和一個較小的綠色圖案碰在一起：沒有名字、沒有聯想、沒有記憶，甚至連「陰影」對他們來說都只是較暗的色塊。他們不像大多數的我們一樣，能從陰影得知深度和照明等訊息。他們會如同初生嬰兒般去看這世界，直到學會要為哪些色塊附上哪些名字；他們會自下而上地觀察世界，從邊角、紋理、顏色、動態特性等一路觀察上去，不像我們是自上而下地對事物投射意義、聯想和預期；他們會看見事物的本來面目。

事實上，他們可能完成了一種高難度的佛教修行。進行這種修行時，修行者會嘗試盡量在聽到聲音時（如火車駛來或貓叫），不去將這些聲音命名或分類；而這種挑戰，即使是很有經驗的禪修者也很難經常做到。我的實驗室經常會研究與人類視覺有關的問題，還曾經一度想創造出看起來什麼也不像、毫無意義的視覺刺激物，結果發現這是不可能的，因為我們無法阻止大腦給物體命名。如果不是真實的物體，我們會以我們想像中與它最接近的物體去命名——這種「空想性錯視」（pareidolia）的現象總是令人感到相當有趣。可是我們不能以這種方式去感知實物刺激，我們不能以「不是芒果」的方式去看待「芒果」。不過這其實是冥想練習的最終目標（至少是其中之一）。艾倫．沃茨（Alan Watts）在他精彩的、長達十五分鐘的冥想引導影片「讓心靈覺醒」（Awakening the Mind）中，也鼓勵他的聽眾這麼做，甚至進一步要求我們：不要只把「外在聲音」當作是無名噪音，也要把「內在想法」當成是噪音，直到內在世界和外在世界合二為一。這雖然是沃茨的說法，但在我至今的冥想經驗中，我從來沒有成功接近過這樣的狀態。儘管如此，我們還是可以看出這種狀態和「自我」之間的連結，以及冥想如何能幫助我們消除「自我」和「外在世界」之間的隔閡。

我們在第四章討論到「自我」時，提到了「消融自我」的概念，這聽起來是理論上的，而且也許是不可能做到的，但想要實現「消融『人』和『世界』之間的人為邊界」這個有意義的目標，我們其實已經有了一個實際可行的方法：「拒貼標籤」——儘管這聽起來似乎有違自然。沃茨有句話說得很好：「我們苦於一種錯覺，以為整個宇宙都要靠人類的想法去分類才能維持秩序，害怕如果我們不盡最大的努力去維繫，一切都會消失在混沌之中。」[2]

我朋友奧弗·勒路石（Ofer Lellouche）是以色列和法國的傑出雕塑家，有一次他告訴我，他發現上他繪畫課的學生很難按照他的要求，依樣畫出一組植物的莖葉。他在工作室放了一個大花盆，裡面有很多植物。他要求學生不要把整盆植物畫出，而是要去想像中間有個方框，畫出方框內的莖葉即可，而方框內是雜亂無章的植物莖葉，各自朝不同方向生長，彼此互有遮蓋，最終也與不同的植物相連。他的學生（我們其他人也會如此）在試圖畫出方框內的植物時，很難斷開他們原先就已經知道的知識：他們知道方框內，他們所畫的每一條線起於哪裡，終於何處，隸屬於什麼部位或植株。所以，他們畫出來的植物有完整且相互連結的部位；他們忽視了有些部份可能會被其他植株遮擋，或超出指定的方框範圍。他們畫出的畫，更像是他們腦中既有的圖像，而不是方框內實際存在的圖像。

有個無法完整解釋、但與上述情形相關的心理學現象叫「邊界擴展」（boundary extension），最初由學者海琳．英特勞布（Helene Intraub）等人整理出相關特色並加以命名。在「邊界擴展」的實驗中，受試者的任務是要記住一張圖像的內容，這張圖中可能有一堆靠在尖樁籬柵上的垃圾桶，而垃圾桶蓋和籬柵頂部都被修掉了，沒有在圖中顯示。看完圖像之後，再請受試者根據記憶畫出圖片的內容，此時他們會傾向將缺失的部分（例如圖中不存在的垃圾桶和籬柵頂部）補上，好讓整個物體是完整的。我們很難只記住部分物體。這讓人聯想起一些會讓人感到困惑的法國電影；法國電影中，我們經常會看到某個人的「一段生活」——沒有明確的開始或結束，中間也沒發生什麼大事，就只是單純的一段生活。

有趣的是，不只個體本身，我們對個體和個體之間的關係，也會出現這種「邊界擴展」的現象。我和同事曾做過一項實驗，讓受試者同時觀看兩個物體的圖片，結果發現，實驗參與者會不由自主地試圖將兩個物體以某種方式連結在一起。如果他們看到的是兩個明顯有關的物體，比如椅子和桌子、狗和骨頭、醫生和護士，他們會在看見兩者之間的連結後，就不再糾結，並繼續進行實驗；但如果他們看到的是彼此沒有直接聯繫的兩個物體，比如梨子和薩克斯風、坦克和陀螺、訂書機和松樹，他們的大腦就會瘋狂地為這兩個物體尋找一個令人滿意的關聯；此時如果試圖直接繼續做接下來的實驗，他們可能會發現（也可能不會，因為這不一定是有意識的）還有一部分的大腦在執著著、深挖著、反覆思考著兩者之間的聯繫，而且因為有部分心神在後台尋找著有關聯的連結，他們自己也無法全神貫注地面對接下來的實驗[3]。我們會將「事物」和「已知事物」建立連結，以便找出連貫性和意義，讓我們對「自己建立的世界模型」感到更加篤定，對自己「對環境的理解」感到更有自信。

我朋友薩莎是一位才華洋溢、頗有成就的攝影師。他的公寓裡平時總是將投影機和音響開著，播放著最新的前衛音樂，同時在大大的牆上隨機播放著YouTube影片。一開始我以為他是天才，居然能將它們搭配起來、完美融合。後來我發現：這其實是走進他家的人，在自己腦中施展的魔法。大腦會在我們不知道的情況下，努力尋找著各種連結，直到所有事情看起來都有關聯才停歇，而一旦我們找到了聯繫，我們會感到不可思議（好比說可能會驚嘆：「這首俄羅斯歌曲怎麼可以跟這部日本懷舊動畫搭配得這麼完美？」），而沒有意識到：讓這一切顯得如此神奇的不是我朋友薩莎，而是我們的大腦。

我們也會以同樣的方式去處理生活中更高層次的現象，像是還沒有解決的事情、議題、創傷、令人費解的人類互動、未滿足的慾望等等，因此，我們有必要將它們與「記憶」和「意義」連結起來，它們才不會反覆地回來消耗我們的精神資源。

佛教修行者會努力讓自己在看到花時，不將它稱作「花」，先不要歸類——就像哲學家會做的那樣。我也希望自己能暫停一下，別再一直想將一切事物探清底細、命名、做出結論。有年夏天我和兒子納歐爾報名了一堂潛水課程，教練帶我們潛水時，她常會從後面抓住我的腳，好讓我注意到要放慢速度，然後，我才發現我兒子此時正仔細探索著珊瑚礁，不像我幾乎是將潛水當成水下游泳競賽，不斷向前游，彷彿是想游到某個目的地一樣。但潛水沒有目的地，潛水「就在我眼前」。我是想游去哪裡呢？我又學到了一課。

想要探究出事物的底細，像是將聲音命名或是尋找一個明確答案，就好像是在追逐一個終點、追逐某種難以捉摸但「必須」完成的目標，好讓我們在完成後，覺得自己可以往下一個目標邁進了。生活就是將一個目標連到另一個目標，然後再另一個，再另一個，過程中累積出不少成就。這就像在嘉年華會上收集在各個遊戲中贏得的獎卷，然後在最後將它們拿去兌換成一個大獎。但最後真的會有大獎嗎？

如何刻意跳脫思想的模版

我們會分門別類地思考，也會在遇到新事物時，將它放進我們熟悉的「盒子」裡。我們會根據我們已經知道的事物和已經做出的劃定，去決定事物是否「普通」；如果「現實」和我們大腦中既有的模板不同，我們會認為它是奇怪的、怪異的、不正常的。（事實上，孩子似乎會把所有他們遇到的新事物都稱為是「怪異的」。）但如果我們能跳脫模板，走出自己設定出的模板邊界，就能讓模板變得更有彈性，讓學習和成長的機會隨之而來。但要打開這道縫並不容易。

以色列有個很棒的傳統，在安息日（星期六）買花。我朋友耶爾曾經告訴我，他有次在星期五時去花店買花，請花店的人把他最喜歡的兩種花包在一起，花店的人告訴他這兩種花不搭。但他回說：「把它們捆在一起，它們就會搭了。」之後好幾個月，我一直在想：為什麼我一直牢記著這個簡單的小故事？現在我知道了。我之所以如此著迷，是因為我從這個小故事中看到了只有幸運的少數人才擁有的「心智彈性」（mental flexibility），也清楚看見了人類對「明確」、「邊界」和「規則」的深切需要。從那時候開始，我開始會在生活中「故意改變」邊界，抉擇著是要做「我想做的」還是「我被期待去做的」，權衡著在此時「嚴格遵守」和「彈性看待」我們分類時所用的邊界各自會有的優缺。

過去一年來，我住在一棟圓頂小屋裡。這和我實驗室在進行的另一系列研究有關：我們在研究中發現，人們喜歡弧形輪廓的物體[4]和圓形的空間[5]。我很喜歡看朋友和家人第一次來這裡時的反應：「天啊，這真的是圓的！」他們略帶不好意思地笑著，臉上帶著明顯的困惑和不解——直到他們習慣了這個新奇事物。想要對抗大腦中固有的經驗和慣例模板並不容易，我們對事物的好壞、對錯、美醜、冷熱等都有既定模板，也對這些記憶中的模板很習慣了。對我們來說，接受可預測的事物比較容易，而「偏差」會讓我們不知所措。但每一個新的場景、新的嘗試、新的接觸，都能讓某些新事物成為可能。「保持思想開放」意味著別讓腦中的模板和分類的邊界如往常般難以跨越。「酷兒」（queer）的字面意思是「可質疑的、可懷疑的」，很難相信這是從前社會對同性戀的稱呼，但隨著時間，曾經被普遍認為是「怪異」的事物也能變得「正常」。當我們第一次聽說有三十多歲的青年當選某大國的總理或總統，我們會感到難以置信。一個三十多歲的年輕人怎麼治理一個國家呢？但隨著時間過去，最初的震驚變成了好奇，然後，我們就會對此習以為常，所以當一個國家第二次有年僅三十多歲的人當選，就完全沒什麼好奇怪的了。我們更新了原有模板，把以前那些看似瘋狂、不在我們預測範圍內，但現在看來完全合理的事物納入其中。一旦熟悉了「怪異」，「怪異」就成了「正常」。

我們將事物分類，是為了將它們賦予意義，進而在主觀上感受到某種確定性，也就是：感覺自己知道現在正在發生什麼，一切都還在我的掌握之中。我們如果想要在「將新事物融入舊模板」時沒有感到壓力，就必須要能容忍不確定性，而「對不確定性的容忍度」會在「探索式的心智狀態」中出現（按，關於探索式的心智狀態，可參見本書前言）。在這種狀態下，我們的心態是開放的、好奇的、廣泛思考的、有創意的、有好心情的，就像孩子一樣。孩子挺幸運的，他們確實不怎麼在乎邊界——邊界、規則和類別等都與前額葉皮質有關，而孩子這塊腦區離發育成熟很還遠。想要模擬孩子的這種狀態，我們需要找到一種方法讓前額葉皮質能根據我們的需求暫停運作。

大腦和行為的權衡取捨

「規則」和「模板」會深深影響人類行為的諸多層面，但並非所有層面，所以我們需要提醒自己：什麼時候遵循規則和模板是有利的，什麼時候是比較不利的，並意識到至少在某種程度上，選擇權掌握在我們手中，然後我們就可以針對不同的情況採取最佳策略。

我們的大腦經常會去權衡取捨，例如去權衡「何時該守規則，何時不必守規則，並將世界融入模板」。這也顯示出大腦是有適應力的、多功能的、有力量的。另一個例子則是「探索式的行為」和「利用式的行為」之間的權衡取捨：前者是對新奇事物和不確定性抱持開放態度，以滿足我們的學習和成長慾望；後者是偏好熟悉事物，傾向於根據我們已經知道的和所預期的「現有腳本」去思考和行動。大多數人會一再面臨「探索–利用」的權衡取捨。我們要讓「感官輸入」去引導我們的體驗嗎？還是比較輕鬆地利用記憶中的「過往嘗試經驗」去引導呢？一般來說，偏向「探索式」還是「利用式」取決於我們的心智狀態，而非我們的意志力。

最後來看一下我們一直反覆提到的權衡取捨：大腦會自上而下地將過往經驗傳遞給我們，這既是維繫我們生存的手段，也是我們體驗生活時的阻礙。在我們想要體驗生活時，它會從一個優勢變成一個可怕的詛咒。畢竟，如果我們不斷地連結到過去、不斷地為未來做準備，又如何能享受當下呢？但「專注當下」不是大腦演化的方向；只有活下來的人才可能享受得到樂趣。

如果你現在人在叢林中，你當然會願意捨棄能讓你欣賞美麗花朵的能力，去換取能預測、利用現有知識保障安全的能力。但如果你是處在一個很安全的環境中，你會更希望能暫停這個自上而下的機制，讓事物以本來的面目出現在你面前——可惜你辦不到。我們先天的預設就是求生存，當生存不受威脅的時候，我們也很難將行為從「利用模式」調整為「探索模式」。

你真的沒有第二次機會去建立第一印象

你和一個新的對象首度約會，去了一家餐廳。就在服務員拿帳單過來時，他說他要去洗手間，留下你來付錢。此時你的大腦會將他標記為「真小氣」，而他之後必須很努力才能讓你對他有所改觀（如果你們決定在一起的話）；即使他堅持下次要請客，你也不會輕易改變這個想法。

有人可能會以為，大腦會將所有的類似事件「平均」後再進行評價，所以第二次約會時，這個人就擺脫「小氣鬼」的地位了。也有人以為，學習是個漸進歷程，也就是，記憶會以線性方式更新，每一條新資訊的權重都是相同的，可以幫助你平衡自己對世界的內在表徵。但實際狀況根本不是這樣。第一次的接觸，遠比所有其他次的接觸要來得重要得多。

這是個有趣的矛盾現象。一方面，我們會以極快的速度去創建新的模板或新的觀點，單憑一個事件、一個簡短呈現，我們就在腦中建立起一個新的模板。但另一方面，這些眨眼間就形成的新模板卻相當固化、極難改變；我們會對這些剛形成的模板緊抓不放，不太樂意去更新、擴展，或讓邊界更有彈性、更多變一些。如果我們能先仔細思考、等待進一步的觀察，然後才去形成一個會長期影響我們又不易改變的觀點和模板，看起來會是比較好的做法。但我們卻沒有這樣做。

為什麼我們不能保持開放的心胸呢？難道經常更新我們的資訊，會有缺點嗎？有的，其中一個缺點是，我們需要穩定的資訊（心智表徵），所以它會相當固定、比較沒有可塑性。不過，我們也必須要能根據新資訊來使這些表徵更完善，就像孩子在人生中看到第一輛車時，她心想「車子有四個輪子和窗戶，而且是藍色的」，但下一輛車是紅色的話，孩子會意識到「汽車有窗戶和四個輪子，但它們可以有不同的顏色」——心智表徵更新了。自上而下的機制和學習之間的關係是：前額葉皮質自上而下傳達的指令越少，學習就越有彈性。這兩種相對需求，用比較不直觀的專業術語來說就是「樣型區隔」（pattern separation）和「樣型整補」（pattern completion）。

這種一開始可塑性強，之後卻難以改變的吊詭現象，可以與前述提到的「探索模式」和「利用模式」之間的權衡取捨相呼應。「探索模式」意味著你的所有「觸角」都處在接收模式，而你對新事物和不確定性的焦慮和緊張都退居二線；「利用模式」則意味著你的「行為選擇原則」是盡量減少意外，而在利用熟悉事物的過程中，自然也不會產生太多學習，但這更有利於生存。

雖然我們今天不必擔心會有捕食者危害到我們生命安全，但我們的大腦還是更常會去選擇「利用模式」，遠多於「探索模式」。回到剛才提到的餐廳約會，我們和對方的第一次互動是在「探索模式」下進行的，這個時候，我們對任何能打動自己的方式都抱持著開放態度。但我們願意去接納各種影響的「機會之窗」，只會開啟極為短暫的時間，很快就會回到大腦預設的「利用狀態」，會去依賴剛才「探索之窗」短暫開啟時留給我們的印象。所以，我們首先會短暫打開心扉去創建一個新的模板，然後這個模板就會變得穩固而難以改變。

為什麼我們無法長時間開啟那個讓我們可以去探索、產生印象的管道呢？原因和我們「沒辦法不為事物命名」有關。我們能敞開心扉多久去建立第一印象，意味著我們能容忍自己多久不去將事物貼上有意義的標籤，意味著我們能在不確定性中生活多久。「利用模式」能滿足我們對「確定性」的需求，以及我們對「意義」的深切渴望。而我們之所以需要「意義」，主要就是因為我們需要「確定性」。我們看似是因為想要滿足好奇心才去追尋意義，但事實上，「好奇心」只是能幫助我們獲得「意義」的動力，而「意義」是獲得「確定性」的必備資訊。

所以順序是這樣的：好奇心→意義→確定性。

第九章　思考廣度、創造力和心情

創造力來自好奇心，兩者都與我們思緒如何漫遊有著密切聯繫。創造力也會影響心情，且心情也會影響創造力（雖然這個比較不直觀）。我是在研究「聯想式的思緒漫遊」和「創造力」之間的聯繫時，偶然看到某個學術發現，後來促使我將「思考廣度」和「心情的提升」連結起來。

有一天，我正翻看著一本我時不時就會去看的一本普通心理學期刊，碰巧在一篇文章中，我看到作者提到「憂鬱症患者在思考時很難將『脈絡』考慮進去」，這引起了我的興趣——因為我做過不少關於大腦會如何呈現、活化、利用「脈絡」的相關研究。我們觀察周遭的能力和我們的心情有什麼關係呢？我決定深入探討「大腦運作」可能可以如何解釋這種關聯。首先，我需要了解憂鬱症的成因。

初次踏入這個研究領域的我，很震驚地發現到：原來早就已經有研究證實了「反芻性思考」——也就是持續圍繞著某個主題打轉的循環式思考模式——與「憂鬱症」之間存在著強大連結；這對我而言是很新的概念。特別引起我注意的是：「反芻性思考」的關注焦點居然如此狹隘，會如此大量地集中在過去的負面事件和「自我」的議題，是一種相當侷限的思緒漫遊形式。你可能會思緒漫遊到前一天晚上你與朋友聚餐時，你對朋友說了句不太好的話，你很後悔，然後突然陷入反芻，開始專注思考著自己是如何傷了她的心、她一定對你很不滿、餐桌上的其他人可能認為你是混蛋，然後你一遍又一遍循環著這些想法；你的思緒反覆回到同一個地方，彷彿被關進一個籠子裡。

反芻性思考是一個惡性循環，會讓我們反覆想起某個原本沒那麼負面的事件，導致我們最後認定這件事非常負面。反芻性思考除了會讓我們因沉溺過去而憂鬱，還會以另一種方式影響我們的心情：它會讓我們不斷想到未來可能會發生的可怕事件，進而感到焦慮。我們越試圖想擺脫反芻性的想法和侵入的念頭，它們反而越揮之不去，這就和我們越試圖不去想「白熊」，反而越容易想起「白熊」是同樣的道理。

「反芻性的思緒漫遊」的思考範圍非常狹隘，這給了我一個靈感：「廣泛聯想的思緒漫遊」會不會對心情有相反的影響，能讓我們感到更快樂？

想法和心情

我們很少有「感覺心情特別好」的時候。心情會影響我們各層面的福祉，影響我們的每一個想法、每一個行動。事實上，心情不只會影響我們內心的起起落落，它的影響層面還擴及到憂鬱、焦慮、心血管疾病、心理韌性、認知表現、老化、壽命等等。但我們對「心情」背後的機制了解有限，也因為了解不夠，加上心情在生活中扮演了重要角色，許多人會通過嗑藥和喝酒等不良習慣來調節心情。

在重度憂鬱症等臨床病例中，治療心情的方式包括了化學藥物治療、精神療法，而在極端情況下，甚至會以大腦電刺激進行治療。不過我們多數人並不需要這樣；我們已經接受了心情本就會大起大落。我們相信（即使不是有意識的）心情是加諸在我們身上的事物，於是我們以這種心態過日子。但心情真的不受我們控制嗎？會有這種錯誤信念，是因為心情往往不能追溯到某個特定事件。心情跟情緒不同，我們不一定能夠準確指出是什麼造成某種特定心情，因此會覺得它有點神秘。但如今在我們對心情有了更多認識後，我們不僅能更真實地感知心情，也知道了一些可能可以優化心情的方法。

我們很早就知道「感受會影響思考」——相較於心情不好的人，心情好的人往往更善於解決問題，尤其是那些需要「洞見」和「頓悟」來解決的問題，而且也會更容易在記憶中取得比較特別的資訊，例如，如果要說出某種交通工具，人們典型的回答是「汽車」，但心情好的人比較有可能給出更有創意的答案，像是「電梯」或「駱駝」。事實上，我們很難想像在一個創意的廣告會議上，看到一群心情低落的文案人員在那裡集思廣益。

不過，與我們的福祉更相關的是另一個影響方向，也就是「思考會影響感受」：我們可以藉著改變思考模式，從而去改善心情。**思考模式本身——不管思考內容是正面、中性，還是負面——可以直接影響我們的心情**。大腦很會聯想，往往會讓我們連貫地、很快速地從一件事想到另一件事，例如從音樂想到披頭四樂團，接著想到約翰藍儂、暗殺、甘迺迪、總統、選舉等等。我提出的假設是「思考模式的廣泛聯想程度，會直接影響心情」。我們用了很多方法來證實、支持這個假設。以下我會介紹其中幾個方法，證實了**廣泛而不受拘束的思考模式可以改善心情，而狹隘的思考模式則會導致心情低落**。事實上，「反芻性思考」不僅是臨床憂鬱症的標誌，也是其他各種與心情有關的精神疾病（像是焦慮、成癮、創傷後壓力症候群……等等）的標誌。

我在一篇名為〈想法的單位〉（The Units of Thought）的學術論文中，指出大腦是一個「聯想機器」，也主張大腦是一個「預測器官」[1]。大腦會積極地、持續地預測接下來會發生什麼，而預測的基礎就是「聯想」。看到沙灘椅，大腦會立刻預測「有很高的可能性也會有沙灘傘」，因為兩者相互關聯，會同時在腦中活化。預測不一定總是那麼具體，好比說，看到某個人臉上的驚恐表情，你會立刻變得警覺，因為你預期這個地方會有某種能帶來威脅的事物——你不知道具體來說是什麼，但你知道有威脅存在。

如果大腦不那麼活躍也不那麼廣泛聯想，會怎麼樣呢？那樣的話，大腦不會產生預測，也就無法預測未來會發生什麼、無法做出最佳規劃、無法洞悉他人的意圖，持續生活在這種不確定的狀態會令人感到焦慮，最後可能導致憂鬱症。即使沒有在擔心過去或未來，「無法廣泛聯想」依然意味著我們「被卡在」思緒當中，不斷進行反芻性的思考。事實上，患有情緒障礙症的人，他們大腦中負責調節「聯想活化」的皮質網路——也包含DMN——其結構、功能和交流模式都嚴重受損。

我和幾位學者比較了健康的人和憂鬱症患者，探討「聯想」和「心情」之間的聯繫[2]。*我們利用fMRI技術進行研究，讓實驗參與者看一些經過證實能引起強烈情境聯想的物體圖片，像是賭場的輪盤或工地安全頭盔，同時以MRI設備掃描他們的大腦。正如我們的預測，和憂鬱症患者相比，健康的人看到圖片時，會更大程度地去活化大腦皮質的聯想網路，證實了憂鬱症患者的聯想程度較低。

除此之外，考慮到反芻程度有高低之分，我們也測量了每個實驗參與者的反芻程度，好方便我們去對照大腦的相應變化。基於「反芻性思考」這種思想現象會令人相當疲憊，在我們開始討論研究結果之前，值得先好好提一下它的具體測量方法。有一份標準問卷叫「反芻反應量表」（Ruminative Responses Scale），是由已故的心理學先驅蘇珊・諾倫—霍克塞瑪（Susan Nolen-Hoeksema）和她的同事共同開發[3]。完整量表如下：

反芻反應量表

憂鬱時，人們的想法和行為會大幅改變。請閱讀下表的每一項目，選出當你感到低落、難過或憂鬱時，是「幾乎從不」、「有時」、「經常」，還是「幾乎總是」會出現以下這些反應。請根據你通常會怎麼做來作答，而非你認為應該怎麼做

＊順帶一提，這類研究的執行難度很高，因為要取得清晰的研究成果，就必須招募沒有在用藥的憂鬱症患者，以避免藥物和治療的不同療效改變了他們的憂鬱程度，進而導致實驗結果失真。但一旦找到未用藥的患者，比起邀請他們來參與研究，我們有更高的責任去鼓勵他們尋求治療。不過，也有一些憂鬱症患者出於各種原因沒有接受藥物治療，他們就成了我們的實驗參與者。有個具啟發性的事情是：我們隨機招募一般大眾作為實驗參與者後，會對他們進行正式篩查，篩查後經常發現有人會因為先前沒做過診斷而不知道自己其實患有臨床憂鬱症。

來作答。

1＝幾乎從不　2＝有時　3＝經常　4＝幾乎總是

1. 想到自己是多麼孤獨
2. 想到「如果我不擺脫這種狀態，我就無法好好做事」
3. 想到自己的疲倦感和疼痛感
4. 想到集中精神有多麼困難
5. 想到「我做了什麼才活該如此？」
6. 想到自己是多麼被動、沒有動力
7. 分析最近發生的事情，試圖了解自己為什麼憂鬱
8. 想到自己似乎什麼都感受不到了
9. 想到「為什麼我無法向前走？」
10. 想到「為什麼我總是這種反應？」
11. 一個人走開，然後想為什麼自己會有這種感覺

12. 寫下自己在想什麼，然後分析
13. 想到最近發生的事，希望當時如果能更順利就好了
14. 想到「如果我一直這樣想，我會無法集中精神」
15. 想到「為什麼我會有其他人沒有的問題？」
16. 想到「為什麼我沒能把事情處理地更好？」
17. 想到自己是多麼難過
18. 想到自己所有的缺點、失敗、過失、錯誤
19. 想到自己好像什麼事都不想做了
20. 分析自我性格，試圖去了解自己為什麼憂鬱
21. 找個地方獨自待著，思考自己的感受
22. 想到你有多氣自己

把上述所有問題的回答分數加總，就會得到反芻總分。

我們的分析指出：海馬迴（hippocampus，一個對記憶和心情都很重要的大腦複合結構）的「神經元體積」和「反芻程度」直接相關。在海馬迴的子區域內，我們發現「結構體積」會因為個體的「反芻程度」不同而增加或減少。值得注意的是，除了神經元細胞體，灰質還有樹突、軸突、突觸、神經膠質細胞和微血管，因此體積變化可能涉及多個組成構造的變化。簡而言之：思考模式不僅會影響我們的心情，還會影響我們的大腦結構。先前已經知道的是：憂鬱會減少海馬迴體積，而各種情緒障礙症的治療方法，像是「選擇性血清素回收抑制劑」（selective serotonin reuptake inhibitors, SSRI，如百憂解）的藥物治療、心理治療、有氧運動和冥想等，都可以幫助恢復海馬迴的體積。而我們的研究顯示了「海馬迴的體積」和「反芻思考程度」有關，這進一步鞏固了「思考」和「感受」之間的聯繫。

過去學者一直認為憂鬱症是一種化學失衡的疾病。但我們的研究則指出：憂鬱症同樣是一種思考失衡的疾患，大腦皮質發生了一連串的反應。藥物治療的目的是調節神經傳遞質（如血清素）的濃度，進而「向上」去改變患者的心情和思考模式。而我們認知神經科學家的方式，**則是從上層的想法層次切入，希望憂鬱症患者**

能通過擺脫反芻性思考去改善心情，通過自上而下的一連串反應去促使神經傳遞質的濃度恢復正常。通過雙向的、多點觸發的這種一連串反應，或許就能緩解情緒障礙症的整體症狀。

記憶是一個由許多表徵所構成的巨大網路，各個表徵以不同彼此相連，雖然區隔程度不同（椅子→桌子→木頭→森林→遠足→假期→放鬆→鳳梨可樂達調酒），構成了一個能以極高效率去編碼、檢索記憶的框架。但我們並不希望每次看到「椅子」時，大腦都會活化「鳳梨可樂達」這個皮質表徵。一個心智表徵活化後，必須要能活化與它相關的心智表徵，這十分重要，這樣我們才能對未來產生預期；但前提是：需要只活化與特定情境有關的心智表徵，不要超過這個範圍。

為了限制能同時活化的表徵範圍，大腦會像踩煞車一樣去施加「抑制」。在正常的抑制強度下，大腦仍會有足夠的精神空間去充分聯想；但心情不好和憂鬱時，大腦會過度抑制，結果嚴重限制住聯想活化的範圍。換句話說，過度抑制會讓我們難以擺脫「循環式思考」和令人衰弱的「反芻性思考」。但另一方面，抑制不足則會造成過度聯想，最嚴重可能導致幻覺，如思覺失調症的狀況。所以抑制必須恰到好處。

我們的研究指出「思考廣度」和「心情」之間的聯繫，也讓我們看見了一些反直覺的可能。以過動症為例，過動症患者的思考模式和反芻性思考完全相反，他們的思考範圍和注意力範圍都非常廣，抑制程度也比較低（因此過動症經常會和衝動行為、創造力聯繫在一起）。而「思考範圍」和「心情」之間的連結，似乎暗示了過動症會帶來比較好的心情；也確實有證據指出過動症患者會有比較高昂的心情。可惜這種「心情優勢」並不穩定，因為過動症患者難以集中專注力所導致的負面反應（如沮喪和煩躁），往往會抵銷這種心情優勢，最終導致過動症患者經常也會出現心情波動的狀況。除此之外，那些以「幫助過動症患者集中專注力」為目的的藥物，常常會在發揮功效的同時也導致心情惡化。

「正面心情」是廣泛思考的酬賞，大自然可能是想藉此鼓勵我們探索、學習、發揮創造力，去更寬更遠的地方尋找新事物，而不要只是利用熟悉事物。我認為人應該想得少一點，好讓自己想得好一點，但如果真的想了，就該想得廣一點，讓自己的心情好一些。

創造力和「廣泛的思緒漫遊」

狹隘的、反芻性的思考還有另一個壞處，就是會壓制我們的創造力，這類研究發現可以和我的「聯想性思考」研究產生交集。建立新的關聯是創造力的關鍵要素之一；我們的思考越是依循既定模式，就越不可能建立創新連結、越不可能有創意想法冒出。而我們發現：反過來的狀況也適用，也就是，思緒漫遊——如果這是開放、廣泛聯想的思考類型的話——可以提升創造力。

我們研究過「思緒漫遊」和「創造力」之間的聯繫。例如我們要求受試者在進行自由聯想的同時，去記住一串很長或很短的數字，這樣等於施加他們不同的認知負荷，進而限制住他們的思緒漫遊能力[4]。我們要求實驗參與者不斷針對我們給出的詞進行快速聯想，並比較在過程中需要全程記住「6839503」這串數字的參與者，和需要全程記住「47」的參與者，兩個組別的表現差異。為了得出更可靠的實驗結果，我們給受試者的反應時間非，兩個組別的表現差異。為了得出更可靠的實驗結果，我們給受試者的反應時間非常短。想像一下，當你聽到「鞋子」、「媽媽」或「馬鈴薯」這些詞的時候，你只有半秒鐘的時間說出你首先想到的東西，這很有挑戰性，但旁人聽了肯定很有娛樂性。較長的數字串會帶來較高的認知負荷，而我們發現這會直接影響回答的創意程度。認知負荷較低（只要記住短串數字）的受試者，會做出更有創意、更天馬行空的聯想。而認知負荷較高（需要記住長串數字）的受試者，則會給出平淡無奇的回答。

我們可以用很簡單的方式來呈現這種差異。例如，聽到「白色」這個詞，需要記住長串數字的實驗參與者，會以比較常見的關聯詞「黑色」回應；而只需記住二位數字的參與者，則可能會以更有創意的關聯詞「優酪乳」來回答。這種現象很容易套用在現實世界的情境中：現實世界的壓力會增加大腦負荷，讓我們失去創造力。

利用簡單但有效的「思考取樣」，我們還可以更廣泛地呈現出「思緒漫遊」和「創造力」之間的聯繫；我們發現人們在比較有創意的狀態時，會進行廣泛聯想的思考。在一項發表於《美國國家科學院院刊》（Proceedings of the

National Academy of Sciences）的補充研究中，我們利用「經顱直流電刺激術」（transcranial direct current stimulation，簡稱tDCS），讓外部電刺激經過顱骨去刺激前額葉皮質、增加思緒漫遊的程度，發現「認知表現」也會隨之提高5。而「成功利用外部電刺激去影響思緒漫遊」是這項研究另一個令人驚喜的創新之處。

有趣的「創造需求」

今日我們把最神奇的事物視為理所當然。我們可以躺在沙發上，用筆記型電腦觀看幾乎所有的電影，閱讀任何出版過的書籍，聆聽任何被錄製出的歌曲。我小時候在以色列南部的迪莫納長大，那時候平克．佛洛伊德樂團的專輯《迷牆》首發之後，我等了將近六個月的時間才買到。而一部新電影在好萊塢上映後，要等三個月之後才會在以色列上映，然後我們鎮上只會放映這唯一的一部電影，連續播放幾個星期。但現在，坐在沙發上的我，彈指間就能觸及整個世界，那為什麼不把一生都花在接收這些美好事物上呢？

人天生就有一種需求，那就是想要去做些什麼、想去創造什麼。人類是好奇的生物，這點無庸置疑，我們在所有可以想像到的領域都渴望知識，但我們也同樣渴望能利用這些知識去創造。我們更希望去「做些什麼」，所以即使我們可以縱情享受全天下所有的幻想、感性詩歌和動人旋律，我們也不會永遠這樣做。

我所說的創造力，或許不是發明會飛的計程車。我們日常生活中絕大部份的事，像是做菜、修理漏水的蓮蓬頭、寫信、園藝等，都涉及了一些「創造」或「生產」行為。就連思考也是一種創造行為。你在思緒漫遊時產生的新想法、新發明、新計畫，都是大腦創造出的產物。虔誠的猶太教徒會守「安息日」，在那天要奉行的規範包括了「不創造」，也就是，在那個神聖的日子裡，不能畫畫、寫作、建造，或產出任何新事物。其實我想故意告訴我那些虔誠的猶太教朋友們：即使只是坐在餐桌旁什麼都沒做，他們的大腦還是會繼續產生新的知識。我們的大腦不斷忙著做出各種心理模擬，而那些模擬會不斷在大腦皮質中產生新的連結，而這些被想像出的體驗，就是一種創造行為。

人類也需要不斷移動。我們不能久坐不動，不能長時間專注在同一個主題。就連眼睛都是一直在移動，即使我們以為自己正注視著一個點，眼睛依然會不斷做出細微的眼部活動，也就是所謂的「微跳視」（microsaccades）。同樣地，我們的大腦永不停歇，需要一直往前、不斷創造出新的事物和有用的事物，像是想法、目標和行動等；幾乎是一種強迫的需求。「創造」是一種「移動」，對我們的福祉至關重要。

如何利用有創意的、聯想性的思考來改善心情

「思考範圍可能會影響心情」的主張一開始是有爭論的，因為當時普遍強調「憂鬱症」和「腦中的化學物質」有關。不過，我在進一步檢視更廣泛的、與心情有關的文獻後，有了令人振奮的發現。以康乃爾大學教授愛麗絲．伊森（Alice Isen）為首的一群研究者，早已證實了心情和思考範圍之間的聯繫，與我們所提出的主張差別只在方向。他們指出「好心情」和「廣泛思考」有關。我當時簡直太激動了，我現在依然清楚記得我讀到這段研究發現時的那一刻。

我現在要做的是反過來驗證「拓寬思考範圍」是不是能「改善心情」。我的想法是：廣泛聯想的思考模式能分散思考過程的焦點，讓我們不要停留在狹隘、負面的主題上，從而避免反芻性思考，同時提供我們繼續生活所需的廣泛心理運動。我立刻展開研究，在實驗中幫助實驗參與者進入廣泛聯想的心智狀態，並檢視這對他們的心情會有什麼影響，結果發現，他們的心情果然變好了6。

我們是用什麼方法去幫助實驗參與者進入這種心智狀態呢？聽起來可能很簡單，但我們就只是讓大家閱讀一些聯想範圍越來越廣的單詞列表。比起閱讀那些聯想範圍很狹窄（類似反芻性思考）的單詞列表，例如「晚餐—餐盤—叉子—刀子—湯匙—桌子—桌布—餐巾」，或相互之間沒有直接聯繫的單詞列表，例如「牛—報紙—草莓—鉛筆—手錶—燈光—飛機—甜甜圈」，閱讀聯想範圍逐漸擴大的單詞列表能明顯改善人的心情，例如「柳橙—果汁—來自義大利的金巴利香甜酒—義大利—度假—滑雪—雪花—冷」，能明顯改善一個人的心情。這些單詞列表閱讀起來很好玩，而且資訊量大，所以我在下方又提供了幾組「廣泛聯想」和「狹隘聯想」的單詞列表：

讓你心情變好的廣泛聯想

1. 毛線—毛衣—冬天—雪—冰—溜冰—速度—比賽—汽車—喇叭—樂隊—鼓
2. 狗—骨頭—雞—公雞—農場—牛—牛奶—餅乾—巧克力—蛋糕—生日—蠟燭
3. 蟲子—蘋果—柳橙—果汁—咖啡—茶—牛奶—餅乾—烤—烤箱—微波爐—爆米花
4. 線—針—注射—護士—醫生—藥物—酒精—啤酒—葡萄酒—起司—老鼠—陷阱
5. 狼—月亮—星星—望遠鏡—顯微鏡—扁酒瓶—威士忌—蘇格蘭—羊—牛—穀倉—農夫
6. 葡萄酒—瓶子—可樂—麥根沙士—冰淇淋—櫻桃—甜派—蘋果—種子—植物—葉子—耙

7. 鯨魚—海豚—鮪魚—壽司—米—紙—鉛筆—打字機—原稿—書—眼鏡—眼睛

狹隘聯想

1. 紗線—針織—線—縫紉—羊毛—細繩—鉤針—編織—針—線軸—毛衣—線團
2. 狗—貓—小狗—動物—朋友—房子—食物—餅乾—寵物—項圈—骨頭—獸欄
3. 蟲子—土壤—釣魚—擺動—爬行—泥土—地面—小鳥—泥濘—蘋果—誘餌—洞
4. 線—針—縫紉—細繩—布料—衣服—繩子—頂針—縫紉機—別針—線軸—紗線
5. 狼—動物—狗—狗群—狐狸—牙齒—熊—月亮—嚎叫—危險—樹林—貓

6. 葡萄酒—啤酒—紅—地窖—起司—葡萄—晚餐—玻璃—喝醉—白—酒精—瓶子

7. 鯨魚—魚—大—鯨脂—海洋—哺乳動物—鯊魚—海豚—大型—拯救—水—殺人

我們實驗室使用的另一個改善心情的方法也超級簡單，就是讓實驗參與者用極快的速度閱讀一段文本[7]。我們將文字以「一次呈現一個字母」的方式播放出來，速度從每二百毫秒出現一個字母，逐漸加速到四十毫秒／字母，這明顯改善了實驗參與者的心情。有趣的是，不論那段文字的內容是正面或負面，這樣的閱讀速度都能改善實驗參與者的心情。即使那段文字是設計用來令人感到憂鬱的文本，在超高速閱讀下，還是能提升一個人的心情。

為什麼會這樣？因為快速閱讀會誘發出一種類似「躁狂」（manic）的狀態，這種狀態出了名的會讓人感到興奮愉悅。事實上，實驗參與者在快速閱讀之後，也表現出了「躁症」（mania）的其他特徵，像是主觀上覺得自己很有權力、很有創意，感覺自己精力旺盛、自尊感爆棚等等。

前述提到的「心情改善」都是在健康者的身上看到的，我們正試圖將這些認知方法套用在憂鬱症患者身上。當然，憂鬱症有不同類型與程度，對不同治療方法的反應也有所不同，但至少對那些「症狀肇因於強烈的反芻思考」的憂鬱症患者來說，我們認為利用認知訓練去拓寬他們的聯想思考範圍，將有助於他們重建大腦皮質的基礎結構，恢復健康的聯想性思考模式。簡而言之，反芻性思考會導致大腦結構性受損，而練習與之相反的「廣泛思考模式」則可以幫助大腦恢復失去的體積，連帶提升心情。

過去數十年來，神經科學研究最令人激動的發現之一是「成體神經新生」（adult neurogenesis），也就是成年後依然會有新的神經元生成的過程[8]。這項研究發現引發了一波樂觀主義浪潮。我們會持續生長；一生中都能生成新的腦細胞，所以細胞不是只會死亡或隨年紀增加而減少。如同許多重大發現一樣，「成體神經新生」的細節仍有些模糊，而且存在著各種爭議，但它依然是十分具開創性的發現。「神經新生」只會出現在大腦的兩個區域，一個是嗅球（olfactory bulb，這跟我們要討論的議題無關），另一個則是海馬迴，特別是海馬迴中一個叫「齒狀迴」（dentate gyrus）的子區域。

憂鬱症會導致海馬迴體積減少，部分原因是：憂鬱症會傷害神經新生的能力。從好的方面看，這意味「增加神經新生」有助於緩解憂鬱和焦慮症狀[9]。除此之外，成功的藥物和心理治療以及跑步等，都已經被證實可以增加神經新生[10]。而海馬迴的神經新生受阻，則會降低抗憂鬱劑的效果。目前還不清楚這些新生的神經元會如何整合、同化到現有的神經迴路中，也不清楚它們究竟是如何緩解憂鬱症狀的，但「類化」（generalization）和「廣泛思考」是可能的方向。海馬迴對「心情」和「記憶」都至關重要，因此，「成體神經新生」也讓失智症和阿茲海默症等疾病看到了希望的曙光[11]。我們認為我們的方法運用了相同機制，也就是：通過恢復憂鬱症患者廣泛聯想的思緒漫遊能力，去讓大腦恢復適當的神經新生。如果可以做到的話，那麼「廣泛聯想的思緒漫遊」將不只能幫助我們從想像出的經歷中學習、幫助我們改善心情，還可以改變我們的大腦。

有個好消息是，對我們大多數人來說，我們其實很自然就可以進入聯想的心智狀態——只要不去抑制它。我們都曾經在做白日夢時體驗過這種令人愉悅的思緒漫遊，都知道白日夢的體驗有多愉快。最早的白日夢定義來自一六八〇年代，它的定義是「清醒時，沉迷於腦中出現的遐想以及想像出的愉快幻想」12。所以我在這裡再次強調：雖然許多人認為做白日夢是在浪費時間，但大腦會這麼做，是有很好的理由的，也正因如此，我們應該要允許自己時不時就做個白日夢，甚至把它變成我們每天或每週的例行活動之一。

事實上，我們甚至可以將「刻意的思緒漫遊」和其他活動結合起來。例如說，我去跑步或去超市之前，喜歡將我剛才在想的事情全部抹去——尤其是像「我剛才付的帳單」、「煩人的電子郵件」之類的事情。我會閱讀一些引人入勝的文本，像是赫胥黎（Aldous Huxley）書中的幾頁文字，去取代剛才在想的事情；或者，如果我需要激發一些寫論文的創意靈感，我會閱讀部分論文內容。然後等我出去跑步時，我的思緒就會傾向去思考我剛才讀到的內容。這種方法能讓我們刻意引導出「醞釀」這個認知歷程——我們都曾有過「啊哈！」的這這種頓悟或靈光乍現經驗，突然某個想法不知是從哪裡冒出來的，其實「醞釀」就是這個頓悟的幕後推手。

儘管如此，我們思緒漫遊的想法流動，還是有它自己的意志。思緒會不受拘束地四處漫遊，我們無法決定它們的去向。要不是它們如此不可預測、如此不受控，也就無法帶給我們這麼多幫助，為我們提供有創意的解決方案，來解決我們生活中面臨到的各種問題。不過，將「工作記憶的內容」替換成「我們希望思緒漫遊時能進一步去思考的事物」，能讓我們更接近這個目的。

第十章 冥想、預設的大腦和體驗品質

我五十歲生日時，決定嘗試一下正念訓練。我先前對冥想沒有什麼理解，所以對於正念訓練是抱持著懷疑態度，但我之所以會去嘗試，是因為近期有一連串神經科學研究令我相當感興趣。這些研究提到正念訓練能帶來正面影響，包括能改善記憶力和注意力、增加創造力、減輕壓力等，甚至指出只要為期八週的正念課程，就足以讓許多大腦結構（包括海馬迴和前額葉皮質）的灰質密度明顯增加[1]。我從一位朋友那裡（她也是神經科學家）聽說了這項為期一週的內觀冥想靜修——「內觀」（Vipassana）是「洞察」的意思。這種冥想靜修要求參與者關掉所有電子設備，整整七天完全保持沉默。雖然我懷疑自己能不能嚴格遵守「七天不講話」這條規定，但沒有手機聲、沒有電子郵件，也不用盯著螢幕看的生活令我心生嚮往。因此，我報名了這個靜修活動，和六十個以色列人一起在一個集體農場尋求內心平靜。我們坐在一棟老舊的包浩斯風格建築裡，有位英國冥想大師帶領著我們，他的眼睛是深藍色的，聲音輕柔，時不時會被鄰近阿拉伯村莊傳來的禱告聲掩蓋。生活原來可以同時召喚出這麼多美好的體驗。

我在不熟悉的時間起床和就寢（早上五點，晚上九點半），吃的是素食，睡的是上下舖，室友是三個體毛旺盛的陌生人，走廊盡頭有一套衛浴設備——還有什麼比這更好的呢！我們撐過了各式各樣、每節一小時的靜坐、靜站、靜走（令人難受地緩慢）和靜躺的活動。

一開始我很討厭這些活動，但在短短一週的靜修時間內，我整體上對「思考」有了更多認識，特別是更加了解了自己的思考——比我多年身為大腦科學家所認識到的還要多。當導師叫我們「觀察」自己的想法時，我心想這也太荒謬了。但我試了一下，很快學會了要如何觀察自己的想法。我要做的只是順其自然，以及改變自己的視角。

不過，一旦開始關注自己的想法，我很快就發現麻煩大了：各種想法爭先恐後侵入、佔據我的腦海，干擾著我，不斷擴大再擴大。因此下一個要學會的技能，是引導這些想法向前，讓它們成為你精神和情緒空間的訪客，而不是永久居民。剛開始我覺得，要讓想法消失簡直是不可能的任務，各種想法如同從地獄中飛出的蝙蝠般在我腦中飛速盤旋，又常讓我陷入反芻性思考而焦躁不安。好在，和我一同參加靜修的朋友願意在夜間散步時打破保持沉默的規定，向我解說冥想靜修這種奇特的練習。我跟她抱怨我無法控制自己的想法，她建議我把想法做個「標記」（labeling）。這才讓我恍然大悟。

如何操縱自己的想法

「想法」可以直接影響我們的身心健康，尤其惱人的想法可能非常具有破壞力，很多時候我們拼命想著「別再去想那些惱人的想法」，絕望中還可能做出極端行為，像是自我傷害等。患有創傷後壓力症候群、憂鬱症、焦慮症以及各種其他情緒障礙症的人，會因為承受不住這些侵入的想法而去自殘。他們寧願忍受刀子割破手臂的痛楚，也不願承受惱人想法帶給他們的精神痛苦。這是令人難以想像的。

我們從認知心理學研究、心理治療經驗和冥想練習中認識到，要擺脫想法，光是許願是不夠的。事實上，如果我們刻意不去想某件事，我們反而會著了魔似的一直想著它。正如杜斯妥也夫斯基（Fyodor Dostoyevsky）在《冬記夏日印象》（Winter Notes on Summer Impressions）中寫到的：「試著給自己一個任務：不去想北極熊。然後你會發現，那可恨的東西會時時刻刻出現在你的腦海當中。」

後來，已故的心理學家丹尼爾・韋格納（Dan Wegner）率先研究證實了這種直覺感知，這現象後來被稱為「矛盾反彈」（ironic process）。「試圖阻止某種想法」並不是只存在於科學實驗室的東西，而是我們所有人的日常。我們會壓抑想法和感受（如佛洛伊德等心理學家描述的狀況），試圖避免讓自己想起各種創傷，試圖控制自己不要過度擔憂——「不要去想」是我們一直在面對的挑戰。而且，如果我們無法做到「不要去想某些事」，那說不定連一些日常任務都無法辦到。

所以，我再度透過靜修，學會了一些我原本不知道的事：要讓某個想法消失，有兩種有效的方法，**第一，承認並直面這個想法**，就像心理治療時那樣；**第二，承**

認這個想法，然後給它一個標記（label）或名字，這樣能讓我們將這個想法放進腦中的「盒子」，免得它不請自來一再出現。（要注意不要混淆的是：我們先前也用label或labeling來描述「為周遭熟悉的事物命名、貼標籤，導致忽略豐富細節」，但這跟這裡提到的想法標記的概念不太一樣。）

認識了這些新發現後，於是我開始多方嘗試和實驗。我們要如何「承認」和「標記」想法呢？難道是，你可以檢視某個盤據在你腦中的想法，然後從各種不同的面向把它標記——它會引發正面的、負面的，還是中性的情緒？它是關於過去、現在還是未來？它跟自己還是他人有關，還是兩者兼具？舉例來說，你想到的是上週某個重要人物稱讚你，這個想法會被標記為「正面」、「過去」、「自己」；如果你是在擔心你想送養的小狗，不知以後的飼主會善待它嗎，你很擔心，這個想法會被標記為「負面」、「未來」、「他人」。

而一旦完成標記，想法就會開始從你的腦海中消失。有時候，我會在標記想法時想像自己聽見電子郵件寄出時的咻咻聲，然後開始覺得一切都在掌握之中。所以，如果腦中閃過「擔憂」該怎麼辦呢？承認它，標記它，然後將注意力放到新生出的想法上。

用這個簡單的方法，你就可以讓腦中享受到某種寧靜，讓大腦不再那麼飛馳喧鬧。腦袋空了的時候，我會試圖去生出新的想法，去刻意思考自己想在工作上達成的目標，或孩子的未來財務規劃等，但不會去產生聒噪的新想法。接著，一些古怪（有時候是神奇）的事情開始發生了，這些事情通常也會令人感到心情愉悅。最後，我感覺大腦有種奇怪的空盪感——至少在我幸運達到這個境地的少數幾次經驗中是如此，而「大腦什麼也沒在想」的這種經驗保證會讓你感到既奇特又美好（我甚至開始害怕起大腦從此就會一直這樣空著……）。這份內心平靜會帶來令人訝異的全新感受：事物的解析度被放大了，我能清楚感受到輕柔的風吹動著我手臂上的細毛，清楚感受到有一縷陽光灑在我臉上，而原本叉子碰到嘴唇時的平凡觸感，現在幾乎要讓人有興奮之感——這是悠閒空曠的大腦帶給你的感官頌歌。

然而，這種神奇的經歷是相當罕見的。我去靜修的初衷，真的只是想知道冥想練習會對「想法」和「體驗」造成什麼影響，所以單就大腦能達到接近空無的狀態（不包含冥想練習可能也可能不會帶來的強烈身體感受），對我而言就已經足夠美好。

我接下來要嘗試的是：試著把已經標記過的想法重新喚回意識裡。有趣的是，我做不到；那些想法彷彿被封存、上了鎖，或就這麼消散了（或只是儲存到了記憶深處）。請想想這個狀況：你腦中原本有個煩人的想法（或擔憂、執念、恐懼），不論怎麼樣都擺脫不掉，而你只是標記了它，它就自動煙消雲散！甚至想把它重新想起，都辦不到。*「想法標記」帶給我強大而新穎的感受，對我而言是個相當令人驚奇的發現，也為我開啟了一扇能進一步去認識思緒、感受和體驗的大門。

有另一個現象可以類比：當你把提醒事項寫在便條紙上，那一刻起這些原本需要你去記住的事情，就從你的意識頭腦中消失了！或者更準確地說，從你的工作記憶中消失了。一旦把它寫下來，你就不會一直去想它，因為你已經將自己心智處理

*當然有些想法，像是來自某種創傷的侵入性記憶，或持續存在的反芻性想法，這些想法單靠「想法標記」無法克服，需要更強力的介入手段。

過程，委託給了這張小紙條。同理，當你標記想法，然後想法就會消失。

想法被標記後，就會被封裝起來，從此不再帶給我們痛苦（或快樂）。很多複雜的想法或概念，我們可以用簡單的一個詞加以表達。舉例來說，如果我告訴你有個人身體狀況不太穩定，他說話不連貫，渾身臭氣，整體行為很不恰當，你會很擔心，而且如果你需要接近他，你會不知如何是好。但如果我只用「喝醉」這個詞去形容他，一瞬間整件事就變得清晰、可處理。正如醫生在聽完一連串症狀敘述後做出診斷，我們也可以用一個「標記」去描述某個想法或概念。

但有些感受太抽象了，無法以一個標記去描述，這時該如何處理呢？我們會用「正面或負面」、「自己或他人」、「現在、過去或未來」等分類面向，強制給一切事物加上標記，這是我們處理不定形事物的方式。

再舉個例子，為什麼跟別人談論我的「困擾」會讓它們不再那麼困擾？這是因為，僅僅是將自己的擔憂說出來，我們就像在大聲承認這個想法，這會讓我們明顯感覺好多了。我漸漸相信，就算我對著一堵牆對話，只要我說得夠具體明確，就可以改善心情。事實上，我後來也發現，飽受折磨的人如果將那些折騰人的念頭寫下來，即使最後他們將紙條撕碎，也沒給任何人看，他們的症狀往往還是能得到緩解，這種「寫作療癒」（writing therapy）據說甚至還能有助於減少創傷的影響，而需要做的只有「明確、具體地向自己承認」[2]。

英國作家、精神分析師梅莉恩．麋爾納（Marion Milner）在散文集《個人自己的生活》（A Life of One's Own）中娓娓道出了類似的覺察，也就是，直接面對自己的想法，就能讓它們不再那麼令人困擾。有年夏天，她在英國康瓦爾的草地上坐著，心情卻像是十一月霧氣瀰漫的深秋，她試圖用語言來描述自己的煩惱，接著發現自己煩惱的來源是一位男士，她被他吸引，但後來這段關係沒有繼續發展。她意識到自己正在一遍又一遍想起那段遭遇——這種思考模式，若是在憂鬱等情緒障礙症的情境中，我們稱之為「反芻性思考」。不過她只是藉著有意識地自我對話，與自己談論這件事，就成功讓那些反芻性的想法不再持續糾纏她。當我們坦承——坦白、承認、接納——自己有某些想法，這就像是用命名的方式去標記這些想法，就能讓它們從我們的腦海中消失。

有趣的是，這個原則不只適用於心理事件和煩惱，同樣也適用於身體感受，例如，你感覺到手臂上有隻蒼蠅（當你冥想或坐著不動時，好像更容易招來蒼蠅停在你身上），你的第一反應是把蒼蠅揮走，這種做法就跟積極想擺脫某種想法一樣，是破壞式的、侵入性的、沒有效率的。但如果你讓步，任由想法或刺癢的感受存在，只去審視與承認，而不去試圖擺脫，那麼，它似乎就會找到出路。不要妄圖驅趕，而是放任它存在。我不得不承認，這些「要承認自己有這些想法，要放任事物存在」等等的言論，在我以前看來是抽象又毫無根據的，但這麼做確實有用。這讓身為大腦科學家，同時也身為人類的我感到驚嘆。「承認想法的存在」有助於我們標記想法，進而使它們鬆動，離開我們的思考前台。

透過直接而清楚的表達，從而獲得了舒緩，這種方法類似於宣洩（catharsis，特別是心理治療領域所說的），它是透過催眠法或自由聯想法（這些還有科學爭議），鼓勵患者說出自己的內在想法。患者於是說出一些與過去事件有關，但沒有受到妥善處理的感受和記憶。這類心理治療法之所以能緩解患者狀況，主要是因為它能帶來有如淨化一般的宣洩感。至於為什麼「分享」也能帶來緩解，有很多不同的解釋，包括能獲得「結束感」、能降低模糊感（人很討厭模糊不清的感受）等等。不過這些都還沒得到正式科學研究證實。現階段，一個有趣的想法是去探究「惱人的想法有沒有可能源自於尚未穩定下來的，或被扭曲了的記憶」，這尤其適用於創傷情境。

有些人常受到侵入性的想法、記憶、夢魘、憂鬱症所困擾，但只要讓他們重新檢視創傷細節之後，似乎能讓他們獲得緩解，方式是將原始記憶適當地「再鞏固」（reconsolidation）。這就像是，創傷事件是因為在事件發生當下沒有被妥善地鞏固下來，所以才會變成揮之不去的記憶。原因很可能是我們當下情緒太過強烈、處於高度的激動狀態、選擇性地只注意某些細節而忽略其他資訊，或者用力壓抑某些記憶。*在暴露治療（exposure therapy）中，醫療人員會請創傷患者回憶創傷事件

*記憶的運作機制是，我們首先會「鞏固」新的記憶，好讓記憶能穩定地被儲存起來。但每一次我們檢索這段記憶時，不論有意無意，這段記憶都會因出現新的情境資訊而被重新塑造，進而獲得「再鞏固」，形成最新版本的記憶。這個機制有助於豐富我們的學習內容，並修正我們最初鞏固記憶時的一些扭曲。

的細節，將焦點放在創傷記憶的熱點——也就是記憶中最惱人的部分。而在藥物治療中，患者則會獲得一些能讓大腦放鬆的藥物，這些都能讓患者更順利、更不偏頗地重新審視他們的創傷來源。

不安的想法不一定要伴隨創傷而來，事實上，我們所有人在每天的日常生活中都很常遇到，我們總會有意識或無意識地擔心某些事情。當我們將自己的擔憂告訴其他人，像是朋友或治療師，或去承認、標記這些令人不安的想法，都能讓我們獲得類似於前述提到的暴露療法的療效。而要如實地分享或標記，我們需要逼自己公正地考量想法的各個面向：它們是開心的、中性的，還是難過的？它們發生在過去、現在還是未來？它們是跟自己還是跟他人有關？它們是內在取向還是外在取向？它們是語言的還是視覺的？我們標記想法，也標記情緒；透過這種作法，「感受」和「想法」被分開了，這讓感受變得更加清晰，也讓想法變得不再那麼強勢。分享和標記有助於我們以更適當的視角看待事情，然後咻一聲，腦中的想法和與它有關的強烈情緒就這麼消失了。想法與情緒被井然有序地存放起來，不再需要不斷侵入你的腦海，不斷吸引你的注意。正如心理分析所指出的，我們會有揮之不去的記憶，可能是因為潛意識希望我們以更適當的角度去看待那段記憶，以更平衡的方式去「再鞏固」記憶。

秘密想法

我們總會認識一些大嘴巴人。我的羅妮蒂阿姨就是這樣的人，她會把她聽到的都告訴你，還會小聲告訴你：「但這是秘密。」佛洛伊德早就說過了，人是無法保守秘密的。

很多人相信，我們守不住秘密，卻又不能明著把秘密說出來，於是大腦和身體會以其他方式，代替我們把秘密表達出來，甚至連一個小小的動作，都可能是我們身體向世界吐露秘密的方式。一九八〇年代有部日本電影叫《女稅務員》（A Taxing Lady），電影中，兩位日本國稅廳的稅務調查員要去訊問一名逃稅大師，在進入逃稅大師的辦公室之前，資深調查員告訴他的助手，他會詢問那個逃稅者保險櫃在哪裡，而他的助手必須密切注意逃稅嫌疑人的眼睛，觀察他在聽見這個問題後，第一時間會把眼光投向哪裡。助手一定要仔細觀察，因為嫌疑人會用飛快的速度，先瞟一眼保險箱的位置，再重新看向調查員，然後回答說他沒有保險箱。果然，實際狀況就跟預料的一樣。

當然，這是電影，不是科學。不過我自己曾經多次使用這個技巧，獲悉了答案。例如，我的軟體光碟被秘書藏起來，但我很想要取回。科學研究確實證實了：我們的身體（尤其是手）會吐露真相[3]

關於「秘密」，我們已經談了不少，但對於「秘密」還會帶給我們很多身心的負面影響。有些人可能已經自行意識到：保守秘密會持續消耗我們的心力。除了內疚和其他社交不適感，也會為我們的精神和情緒儲備帶來負荷。根據報告指出，**保守秘密，尤其是能引起激烈反應的秘密，會導致各式各樣的生理疾病（從感冒到慢性病）和心理問題（如憂鬱症）**。我曾經認識一位活潑樂觀的年長女士，她告訴我：她很確定自己會得癌症，是因為當初已婚的她，向當時的丈夫隱瞞了她與未來的丈夫的婚外情。這不是我第一次聽到這種說法，這些說法呼應了科學報告中所提到的：「秘密」或「內疚感」可能會對健康造成嚴重的影響[4]。當然，有些秘密傳揚出去可能會造成更多的傷害、還是保密的好，所以剛才的論述並非絕對。

我們刻意隱藏的秘密、我們壓抑而不願想起的念頭、我們向他人和自己隱瞞的秘密，所有這些都會帶給我們痛苦，也都會對我們的心智容量帶來負荷，而原因都和大腦的「抑制」有關。我們是主動——而不是被動的——不要去說（或不去做）某件事，這樣會消耗新陳代謝和精神能量。如果一直持續這樣，就會產生過度消耗，導致我們無法好好處理感知、情緒，以及內在和外在環境。

「保守秘密可能會產生的負面影響」是個有趣的議題，但這和我們這裡在討論的議題比較無關，我們更關心敞開心胸和分享能帶來的好處。分享秘密能讓我們的身心得到舒緩（我的羅妮蒂阿姨很懂這點），我們需要佔用大量的資源，去做到沉默不語或壓抑（這是一種抑制）；相反地，開口表達可以釋出寶貴的精神資源，讓我們從事更有價值的心理活動，像是創意構思。事實上，減少抑制也能改善心情，這不只是因為抑制獲得釋放之後，大腦會刺激而分泌腦內啡（又稱快樂分子），也因為釋出精神資源會讓我們變得更有創造力，帶來更好的心情。話雖如此，在這個社會中生活，我們還是會需要一些抑制，才能……好比說，阻止我們任意觸摸在餐廳隨機遇到的俊美人士。而我剛才說的這句話也應該被抑制……

你現在也可以看出「冥想」和「分享」之間的聯繫：冥想時，我們處理想法的方式跟分享時很像，因此也會獲得「將內在想法分享給他人時」會得到的好處。冥想時，你的分享對象就是自己；你盡可能向自己承認自己的想法，不需要外部聽眾。

冥想教你清理雜念，藉此幫助你更好地欣賞生活中的豐富細節；你的觀察力會變得更加敏銳；你會更能留意到當下、留意到你的所見所聞、留意到微風拂過時的感受、留意到新鮮草莓嚐起來的味道。

冥想讓我們富有正念覺察力：神經科學家的觀點

你坐在枕頭上觀察自己的想法，不斷反覆關注自己的呼吸——為什麼這樣就會帶來正念覺察力？身為科學家和業餘冥想者，我認為冥想之所以能帶來正念覺察，有三大要素。第一項是「分散式注意力」（diffused attention），也就是對周遭環境的每一處、每件物品都分配相等的注意力，不偏頗，也不給予優惠對待。這類似佛洛伊德所說的「均勻懸浮的注意力」（evenly hovering attention）——他建議心理分析師採用這種方式，讓自己對新觀察到的事物保持開放心態。我們也應該這麼做。

通常，「注意力」指的是「專注於一個相當具體且通常十分狹隘的地方或特徵，並忽略（或主動壓抑）其他的一切事物」。但據說，冥想練習可以幫助你將整個環境中的各種事物視為同等重要，有相等機會去引起你的關注。而當我們停止自上而下地指導注意力應該關注什麼東西或什麼地方，那麼注意力就會無所不至，無處不在。

冥想能增加大腦覺察力的第二項要素是「關閉預期機制」。大腦的預設狀態是對事物做出預期——預期某件事會發生、預期某件事是好是壞、預期未來想要什麼，並根據我們的預期去判斷事物等等。冥想時，「觀察自己正在進行的呼吸」一類似一種迷惑大腦的技巧，能將你帶回此時此地。回到此時此地的你會停止思考未來，也就不會去做出各種預期，而當你什麼都不預期，就會對即將發生的一切保持開放態度。

冥想能有效提升「當下體驗品質」的第三項要素是「對我們的想法、慾望和恐懼減少執著」。大腦的「抑制」力量會大幅限制我們的思考廣度，阻礙我們想法流動，限制我們的思考和聯想活化的範圍，以及我們整體思考活動的推進（包括思考速度、範圍和距離）。簡單來說，壓抑的人比較容易患有情緒障礙症，比較不壓抑的人會比較有創意。而在冥想情境中，「抑制」則會決定我們是比較傾向「執著於某個想法」還是「讓想法流動」。抑制少，想法比較不會停滯，也比較會有推進。

上述「正念覺察」所需的這三項要素，都由一個大腦主要機制加以統整——「自上而下」的處理歷程；也就是，「自上而下」的處理歷程在過程中被賦予了多少影響力，而這又會與「自下而上」的處理歷程被賦予多少影響力相比較。「自上而下」和「自下而上」的訊號的比重，亦即，我們整體狀態所整合的資訊中，源於記憶和源於感官的資訊分別有多少，兩者的比重會決定我們的心智狀態——這點，我在本書最後一章會詳細說明。這個比重也會決定我們的心情、我們的聯想廣度，以及我們能注意和感知到的範圍。

剛談到的這三項要素，都會被「自上而下的處理歷程」所左右。首先，「注意力引導」是由自上而下的處理歷程決定，而「分散式注意力」意味著「沒有」自上而下而來的注意力引導，一切事物都是相等的，沒有「注意力聚光燈」。第二，「關閉預期機制」意味著關閉自上而下的訊號，這些訊號通常會將從記憶而來的預測和知識傳遞下來，來幫助我們比對新輸入的資訊。第三，「抑制」，這同樣是自上而下的機制，是憂鬱症的一種主要困擾，也是反芻性思考的主因之一。我們能不能「讓想法自由」，這和我們能不能「減少自上而下的指令」直接相關：自上而下的指令減少↓抑制減少↓想法停滯減少↓推進增加。

總而言之，儘管自上而下的影響力（如我們所見）在許多情況下能帶給我們莫大幫助，但就目前我們的討論情境而言，自上而下的處理歷程，可能會對我們的心智狀態和想法帶來三種負面影響——限制「注意力焦點」、將「基於記憶的預期」傳遞下來、決定「抑制」程度——而三者都可以用正念冥想的方式來加以調節。

不過，注意力引導、預期訊號、抑制這三者會用到的自上而下機制不盡相同——出自不同的大腦結構，涉及的神經傳遞質雖有重疊，但不完全一樣，也有不同的影響時間軸等等。不過共通點是：它們都體現了我們在世界上體驗事物時，會受制於的各種自上而下的內在影響；它們形式各異，可能是局部的、有預期的、範圍侷限的，也可能是整體的、白紙一般的、沒多少限制的。

當然，瑜伽修行者不是坐在那裡就可以直接鎖定前額葉皮質，然後減少自上而下的影響——畢竟大多數人不知道前額葉皮質是什麼，且皮質的活化也不受我們的意識控制。它的運作方式比較像「神經回饋」（neurofeedback）技術，也就是利用「回饋」，讓我們通過練習去強化、去加強表現比較好的部分。在冥想練習的引導下，你不必去想到那些自上而下的影響源，就能去影響它們；你一遍又一遍專注在自己的呼吸，不去執著腦中的想法，不斷重複並強化這種能在不知不覺中「減少自上而下的影響」的練習，就會看到效果。古代的冥想修行或許不知道這些神經科學的知識，他們追求的是更好的臨在感（presence）和體驗品質，只是碰巧這個歷久不衰的修行活動，它的主要立足點，恰好與降低大腦自上而下的影響有關。

關注自己的想法，或更廣泛地關注自己的內在運作，也會進而讓我們關注到環境。慢慢地，你會發現腦中浮現的不相關想法越來越少，你也越來越能自由地去體驗生活，而想要過上豐富多彩而有覺察的生活，你唯一需要添加的元素就是「沉浸感」；一旦我們找到了「當下」，下一步要做的就是踏入。

如果我必須坐下來，把我迄今為止的人生、我能記得的各種細節寫下來，一本書能容納嗎？我過去五十五年的人生，大概兩萬天，將近五十萬個小時，一切發生在我身上或我做過的事——我能記得多少？我常常在想：我的三年級去哪兒了？我在工學院大二大三的那兩年發生了什麼事？我小時候，或做了父親後，與家人共進晚餐的時光消失去哪兒了？似乎有人劫走了我的人生，而劫匪就是我。如果沒有好好覺察、沒有存在此時此地、沒有真正參與，那就是缺席了那段人生。那些我沒有好好去看、好好參與的事件，我又怎麼可能會記得呢？我的身體在那裡，卻又不是真的在那裡。

當你用心覺察、全面沉浸於此刻正在經歷的事件中，你會發現你體驗的速度慢了下來，而事件的細節豐富度放大了。足球罰十二碼球時，守門員可以看到疾速飛來的球並做出反應，球速快到我們其他人甚至還沒能察覺；守門員非常專注，至少在球飛向他們的那一刻是如此。有次我在美國開一輛越野車在越野，女兒納迪婭就坐在我的腿上，我急轉彎的時候興奮過了頭，結果翻車了。我依然清楚記得當時的每一個細節，和我腦中浮現出的一連串想法，鉅細靡遺：我很怕我女兒會被這麼重的車壓死，為了避免她被車壓到，記憶中的我彷彿慢動作般將她抱起來，再安全地扔向一旁。當時的強烈情緒讓我特別專注，格外警覺。極端狀況之中，會需要你投入全部的注意力。不過，這種特殊能力顯然不是只會出現在極端狀況，也不是只有天賦異稟的足球守門員或棒球打擊手才能具備。你只要將當下的全部注意力都集中在一件事情上，你就能做到——全神貫注就是秘訣。

要獲得正念覺察的體驗，我們不需要如罰十二碼球時那般激烈的體驗，只要你不會因不相關的想法或內心對話而分心，那你整天無時無刻都能擁有這種體驗——就像《駭客任務》（Matrix）的尼歐那樣。每一個你充分參與的事件，你都會像看到令人興奮的新奇事物那樣去感知它、記住它。

我們都曾注意到，隨著年齡增長，時間越來越快了（天啊！居然又是新年了）。我曾經認為這是因為「新奇感」會在主觀上延長新奇的瞬間，好讓我們能有更多時間去珍惜它們，而隨著我們越來越熟悉這個世界，新奇感也越來越少，我們也就越來越難有機會去停駐在某個瞬間，從主觀上拉長時間。但其實「注意力」才是關鍵。如果我們投入在那一刻，時間就會拉長；如果我們能設法像對待新奇事物那樣去對待熟悉事物，就能感覺時間變長了——在主觀上延長了我們的生命。

正念覺察的困境

因為冥想是去影響「思緒漫遊」的核心，所以也會對DMN造成影響。到目前為止，已經有很多研究證實了兩者之間的關係。一項研究以經驗豐富的冥想者和剛開始接觸冥想的初學者為研究對象，比較了他們在專注（concentration）、慈心（loving-kindness）和無分別之覺察（choiceless awareness）等不同類型的冥想時，DMN的活動狀況[5]。結果發現，經驗豐富的冥想者在冥想時，DMN明顯較不活躍——這符合許多研究指出的「冥想能降低思緒漫遊的程度」。除此之外，經驗豐富的冥想者和初學者相比，他們DMN當中的各個腦區之間的連結程度也比較強，暗示「冥想」也能提高DMN不同區塊之間的溝通效率。*其他研究還有像是美國威斯康辛大學麥迪遜分校的教授理查・戴維森（Richard Davidson）所做的研究指出：冥想對情緒調節和心理韌性有正面影響6；更近期則有研究顯示：冥想可以提高注意力和記憶力，增進老年人的福祉和心理健康7。顯然，冥想對你是有益的。

冥想也會為「體驗」騰出空間。新體驗會需要新的大腦活動和可用的皮質資源，才能開展，而大腦在此時越是忙碌，可以分配給新體驗運用的資源就會越少。新體驗必須強行「擠」出一條路，而如果大腦此時已經被佔用，剩餘的資源（如果還有的話）也只夠讓我們獲得片面或膚淺的體驗。大腦在被佔用的情況下，只能喚起少量的感覺、聯想和情緒；所以，紅色不會那麼鮮亮，花朵也不會那麼美麗。（事實上，認知負荷也會降低我們欣賞美和感受快樂的能力。持續不斷的反芻性思考，會帶給憂鬱的大腦更大的認知負荷，而這與憂鬱時會較難感受到快樂──也就是所謂的「失樂症」（anhedonia）──有關。）因此，為了確保體驗品質，讓即將到來的體驗能在大腦中盡情開展，我們顯然需要減少思考，並騰出更多空間。冥想可以有效處理我們正在思考的和剛剛浮現出的想法，為新鮮體驗騰出空間。想法來了又走，慢慢地，你腦中的想法變少了，然後你下一次投入體驗時，就能更充分地、更細緻地、更有覺察力地去參與其中。「思緒滿載」是「正念覺察」的敵人。

接下來，要談談正念覺察的困境。當你能充分控制自己的想法，專注在當下，就會出現一個奇怪又有趣的狀況：你會開始觀察自己如何體驗。你不僅會對自己的體驗更有覺察力，也會覺察到自己是「如何體驗」的。你會發現自己腦中開始浮現像是這樣的想法：「我正聽著他說話，但我想知道他能不能看出我沒在聽」；「他們都好自動地在回應，但我沒有」；「我好餓，我希望沒人注意到我的吃相跟豬似的」；「我現在好快樂，因為我所有的孩子都圍坐在桌子旁，大家都在笑」。你擁有優秀的覺察力，可以好好體會當下，而且同時還會注意到你的視野中心和視野邊緣，留意到當下體驗的意識前景和意識後台。你會觀察到，自己在主管講笑話時拿

＊這裡要強調一點：相關，不代表因果。以上述例子為例，資深冥想者的DMN各腦區之間的連結程度較強，不一定是冥想練習所造成的，也可能是這類人天生固有的特質。不過，已經有足夠研究報告支持了「確實是冥想帶來這些改變」的觀點。

出什麼誇張的反應，然後告訴自己馬屁別拍的那麼明顯。你也可以觀察到，自己因他人不禮貌的言行而開始怒火中燒，以及你如何化解你的怒氣。這是好事。你越來越能監控發生在自己身上的事，這能帶給你巨大的好處。

但另一方面，隨時保持注意力和覺察力，會逐漸改變我們看待體驗的視角，使得我們成為生活體驗的目睹者和旁觀者，而不是當中的主角。

假如我花了很多錢，終於有機會駕駛一級方程式的賽車，那我才不想觀察自己如何開車。我想全然沉浸在賽車的體驗當中，享受速度的快感，感受那些噪音、危險、燃油的味道、輪胎燒焦的味道。我想投入到我的一級方程式賽車的體驗中，這樣那才好玩。這種深深沉浸在某種體驗、讓所有感官活躍起來、讓所有煩惱煙消雲散，甚至讓自己渾然忘我的經歷，是人生的最大樂趣之一。因此，雖然正念訓練很有價值，但我們還是需要意識到「只去覺察」會有的負面影響，並保持開放態度，讓自己準備好在某些時刻放棄覺察的視角，全心沉浸在生活的體驗當中。不做舞者，就做那支舞。

第十一章　沉浸在當下

前陣子我正要出門上班，看到小女兒妮莉一邊吃著早餐，一邊望著家中那扇大觀景窗，窗外是一片綠樹成蔭。我猜她在做白日夢，於是問她：「在想什麼呢，妮莉？」她回答：「沒什麼，只是在看外面。」她的語氣顯示出她覺得這問題很怪，彷彿是在吶喊：我為什麼一定要想些什麼？！這種腦中沒有煩人念頭的狀態可真好啊！

你還記得上次你這樣子是什麼時候嗎？就這麼坐著，望向窗外，除了你正在觀察的事物，什麼也沒在想；沒有想到你手邊的工作，沒有想到你丈夫或妻子前幾天誇了你的新鞋，也沒有想到你十歲時校園霸凌搶走玩具槍等。我們的思緒可以在轉瞬間把我們帶去「當下」以外的任何地方，所以當我發現妮莉居然還能如此全心全意地投入在當下，我很高興，也很感慨，因為我知道她漸漸長大，會發現想要如此沉浸在當下，沒那麼容易了。她會越來越常思緒漫遊，一再陷入對過去事件的反芻，一再對未來做出預測。她會一再擔心朋友對她的看法，一再想到班上那個可愛的男生……

大腦的「靜止」運動

我雖不是虔誠的猶太教徒，但我每年的贖罪日（Yom Kippur）是不工作的。去年贖罪日的前夕我正在趕文章，想把一個段落寫完，不料我卻開始凝視著窗外的皎潔明月。於是我告訴自己：我要盡快趕完這一段，然後就可以利用節日到來前的最後這三十分鐘來好好欣賞美麗的月亮。我成功寫完了。於是我闔上筆電，打開窗戶，調整椅子，坐下來，準備在接下來的幾分鐘好好賞月。但我很快就意識到一個我一直都知道但不想承認的事實：我辦不到，我無法專注欣賞月亮，我的思緒很快就漫遊了起來。

我們就用賞月的這個例子，來看一下可能出現的思考軌跡。有幾種可能情況。第一種情況是，我們看著月亮（或任何目標物），然後一兩秒之後，我們不自覺開始想起早前我們在想的、儲存在我們工作記憶中的事物——可能是剛才在寫的那篇文章、可能是假期規劃，也可能想起了小時候的回憶。第二種情況是，我們直接從「月亮」無縫聯想到其他想法，所以我們的思考軌跡可能是：美麗的月亮↓前幾天晚上看的《登月先鋒》（First Man），也就是那部在講述阿姆斯壯生平事蹟的電影，其實還不錯↓怎麼會有人相信「登月是假的」這種陰謀論↓另一個陰謀論：披頭四成員保羅・麥卡尼（Paul McCartney）早在一九六六年就死了↓我們曾經多少次將《Revolution 9》的音檔反覆播放，試圖找出當中隱藏的訊息↓以前小時候要聽到新音樂專輯有多麼困難。你一開始看到的是月亮，但思緒卻好像有自己的想法般，就這麼乘著「聯想的浪頭」一路聯想下去。

第三種可能的思考軌跡是，你下定決心要專注在月亮上，然後，每次只要察覺到自己走神，你就會將注意力重新拉回到月亮上，就像冥想時我們會將注意力重新拉回到呼吸上那樣，而為了要堅持去注意月亮，你開始仔細檢視月亮的各個元素：

隕石坑、虛幻的臉、月亮邊界、目前的月相與滿月差了多少，然後再繞回來——你就像在運用先前提到的冥想技巧「身體掃描」那樣，只是現在的你變成是在掃描月亮。所以，你設法持續專注在月亮上，但這是不夠的，因為基本上，你只是將思緒會在不同主題之間轉移的問題，變成是在月亮的不同特徵上來回轉移。事實上，冥想不會教我們去讓思緒靜止不動，因為即使我們將注意力保持在呼吸上，我們同時也在監測氣息流過鼻孔時的感受，也在不斷觀察著氣息在身體裡呼進呼出的感受，這仍是一種思考活動。

第四種思考模式是，我們做到了珍惜當下——雖然我們不確定大腦是不是真的能充分實現這一目標。我們所思所想都是「月亮」，思緒沒有飄到任何其他的地方。我們專注於在「月亮」這個概念上，沒有想到我們在看到月亮之前的煩惱，沒有喚起跟月亮有關的任何記憶，也沒有改成去注意月亮的各種元素和特徵，我們的思緒與月亮同在。

為什麼我們不能說聲「月亮」，然後就只想著月亮，哪怕只一分鐘？這看起來幾乎不可能做到，我們也不是只對「物體」才會如此。某個想法出現後，我們無法一直專注停留在那個「想法」上。同樣地，我們也無法一直停留在「情緒」和「評價」上（我們會想：他這個人看起來還不錯，然後就繼續想別的了。）有個很好的理由可以解釋為什麼這很難做到。

我們的大腦會不斷聯想，一個念頭接著另一個。正如本書先前提到的，我們的全部知識、經驗和記憶中的一切，都相互連結在一張巨大的網中。在這張巨大的網——或「語意網路」（semantic network）——之中，每個概念、事實或表徵，都會或近或遠地與所有其他概念、事實或表徵相互聯繫（貓跟狗之間可能相距比較近。貓跟冰箱之間相距稍微遠一點，中間的連結是牛奶。貓跟飛機之間相距更遠了，中間經過很多個節點）。這個大型的連結網帶來了巨大優勢，不只能讓我們更容易將記憶編碼到最適當的位置，與其他相關事物相互連結起來，更因為事物之間是根據「主題」或「共現性」相互連結，也讓我們能更容易從記憶中檢索資訊。

「共現性」（Co-occurrence）這個術語值得我們再詳述一次，它是指「事物往往在環境中一同出現或發生的典型狀況」。例如，烤箱和冰箱會一同出現在廚房裡，沙灘傘和沙灘椅通常會一同出現在沙灘上等等。這種「共現性」為大腦提供了一些資訊量大的統計資料，例如，你很可能會在野生動物園看到長頸鹿，但海灘上不太可能看到長頸鹿。以這種方式串接記憶，不僅能讓我們在需要時更輕易地從記憶中提取特定資訊，它還有一個最大的好處：為我們的預測能力奠定基礎。就是因為大腦有這些關聯（以及關聯的活化），我們才有能力不斷預測下一步。如果你知道自己即將走進廚房，你可以預期會看到什麼東西，以及廚房的大致空間配置；同樣地，如果你要參加工作面試，你會知道要穿什麼衣服、要怎麼準備——因為過去的相關經歷已經通過相互關聯的方式儲存在你的大腦之中。而這些關於我們身處的環境很可能會發生什麼的統計資料，可以幫助我們記憶與做出預期。

大腦會活化一個又一個關聯，這是我們生活的資源，也是我們為什麼不能「看月只是月」的原因；「聯想」是勢在必行的。

我們的體驗品質

我們大多數人在大多數的時候，都會覺得自己屬於這個世界，但卻又同時會覺得自己與這個世界是分離的；我們躲在各自的皮囊下，試圖融入，卻總是被框在自己的世界。我們加入團體，參加聚會和俱樂部；我們為團隊喝采、為派對歡呼；我們遵守規則、遵照慣例辦事；我們會做任何社會和文化要求我們去做的事情——這一切都是為了尋求「連結感」，都是為了讓自己覺得：我是獨立的，但又屬於這個世界。這在明裡暗裡形成了一種「我，還是世界」的態度，使我們生出了孤獨感，也讓我們的生活變成了一場永無休止的爭鬥。但我們現在明白：雖然我們是身處在這個世界，但世界是「在你之中」，在你的大腦之中。世界是怎麼樣的，取決於你怎麼想，而你怎麼想，決定了你的體驗是豐富的還是平淡的。我們每個人在腦中映照出的那個世界，就是唯一的世界。我們不是局外人，也不是局內人。我們是體驗的人。

我們腦中在想些什麼，會影響我們的體驗，這是個微小又令人訝異的概念。我們的思想模式、思考活動的量，以及心智狀態，都會影響我們如何解讀、感受我們周遭的精神與實體世界。我們似乎以為身體感受是絕對而客觀的，彷彿身體感受是施加在我們身上的，而我們只是感知者，對我們的體驗沒有話語權。即使我們意識到感知是主觀的，而不是康德所說的「物自身」，但我們很容易忘記這點，而在生活中回到了被動狀態。畢竟，感官的感受器（視覺感受器在眼睛、軀體感受器在皮膚、聽覺感受器在耳朵、味覺感受器在舌頭、嗅覺感受器在鼻子）應該會一直以相同的方式去對相同的物理刺激做出反應；我們期待相同的體驗會帶來相同的反應：「刺激↓反應」，就像工程師知道在電路中，相同的輸入無論如何都會產生相同的輸出結果。但我們對刺激的感知，我們在主觀上對刺激有的體驗，會因為我們內在世界的狀態不同而有很大不同。在每時每刻的體驗中，我們不單單是體驗的當事人。我們如何感受——我們如何起雞皮疙瘩、感到害怕、臉紅，如何欣賞一幅畫，如何注意到早晨新鮮葉子上美麗的露珠，如何品嚐柳橙在我們口中逐漸變化的味道——都取決於我們的狀態。體驗發生在我們大腦之中。

我們來將體驗拆解成元素。舉個簡單的例子，假如你正看著在月光映照下湖面閃爍著的粼粼波光，這幅景象進入你的眼中，活化了你的視網膜細胞，接著經過一些中繼站，訊號傳到了初級視覺皮質（最先接收訊息的視覺皮質區；其他感官同樣也有初級皮質）。到目前為止，這還不太算是「體驗」，比較是一種無意識的反應。你可以想像一下，如果你被完全麻醉，而我打開你的眼瞼，讓這個視覺畫面進入你的眼睛，你的初級視覺皮質仍然會出現類似反應，所以，這還不算「體驗」。

我們繼續我們的視覺例子。訊號進入初級視覺皮質後，會繼續在視覺皮質中前進，而神經元之間充斥著各種自下而上的、自上而下的，甚至是橫向（側向）的影響因子。那麼，皮質反應是在哪個階段開始被視為主觀體驗的一部分呢？是訊號沿著視覺皮質前進時經過某些腦區時嗎？是訊號傳至最高皮質級別的前額葉皮質時嗎？還是訊號在腦區之間相互協調時？

在哲學和意識科學領域中，體驗的主觀品質有時候會被稱為「感質」（qualia），例如，你在大熱天喝著冰鎮啤酒，或者你的小女兒給了你一個擁抱，你除了對事件的物理特徵做出反應，也會額外感受到別的東西，那就是「感質」。「感官受體」會對你女兒的聲音和氣味、擁抱的物理壓力，以及搔到你臉上的髮絲做出反應，除此之外，你還會有種難以言喻的、快樂的、與感官反應截然不同的深沉溫暖的感受。而正是這種感受（感質），將我們的體驗與機器人或殭屍會有的「體驗」區分開來。

「體驗」是一個連續體：一端主觀性最低，涉及視網膜和初級視覺皮質等——還不算是主觀體驗；另一端主觀性最高，包含令人難以捉摸的「感質」。我們並不擔心是不是能夠以明確界線去界定「大腦皮質反應」什麼時候會變成「體驗」，我們只會去強調：體驗有客觀面向也有主觀面向。同樣地，有認知面向也有情緒面向，有意識面向也有潛意識面向。

「體驗」不只關乎「我們正在感知什麼事物」；那個波光粼粼的湖也會活化記憶、聯想、感受、期待等等，所有這些都是我們體驗的一部分，會去刺激相同的或不同的大腦區域，讓體驗出現多種層次。諸如親吻、被搧耳光、被加薪、被侮辱、獲得意外工作機會等等的人生體驗，都會因為認知、情緒等等的因素而變得更加豐富。

由此可以直接得出的一個結論是：「體驗」需要皮質這個「房地產」才能好好開展。但大腦經常處在忙碌或嘈雜的狀態，所以這個「房地產」未必能讓我們使用。任何體驗，不管是你女兒給的擁抱，還是湖面映照出的波光，都蘊含無窮細節，而我們接收訊號的大腦，它的可用資源越多，就越能在腦海中反映出這些細節，連帶去刺激與這些細節有關的記憶和情緒，進而帶給我們更豐富的體驗。如果你把大部分的心思放在明天演講的準備上，或一直反覆去想到剛才看到的那封很煩但你還沒回的電子郵件，那麼，你的大腦就沒剩下多少空間，能讓你好好享受那個擁抱，或你正在享用的油炸鷹嘴豆餅。「體驗」和「與它有關的想法」都需要空間來開展。

如果你現在想的是「體驗」以外的事情，那麼你能從體驗當中體會到的就會減少。分心或心事重重會剝奪你的體驗，因為兩者共用的是同一個工作空間，空間是重疊的。**我們要把「過去」和「未來」移走，好為「當下」騰出空間**。記憶、過去的感受、未來的擔憂——全都會與當下的體驗和想法競爭同一個空間。

如果你一邊吃蘋果，一邊想著等一下要打掃房間，你可能就無法觸發與蘋果有關的一些想法或思考活動，因為你的大腦神經元都在想著跟房間有關的事。我先前提過，我在看龐德電影時忽略掉了大量情節，這並不是因為我的視網膜和耳膜沒有接收到追逐場面和物理刺激的訊號，而是因為我當時腦中在想別的事。我的感覺皮質肯定接收到了訊號，但思緒漫遊消耗了太多大腦資源，佔據了「體驗當下」所需要的大腦皮質空間。你可以這樣想：大腦沒有空間，就沒有體驗；有部分空間，就有部分體驗；有完整空間，就有豐富體驗。注意力被分走，意味著大腦資源被分走；這是個零和遊戲。

學者在研究「同時執行多重任務」的時候發現，如果任務會用到類似的大腦區域，要去同時執行多重任務就會比較困難。例如，一邊「聆聽」有聲文本，一邊「閱讀」另一個文本，這是相當困難的，因為兩項任務會運用到大腦高度重疊的語言區域。但一邊敲手指一邊閱讀就容易得多，因為兩項任務會運用到不同的大腦皮質。儘管如此，「多工」的表現會比單獨處理的時候要來得差。當我們在體驗當下的時候，如果有雜念會降低體驗品質。這就是「當下」和「非當下」的大腦資源爭奪戰。

當前的心智狀態會影響即將到來的體驗

新體驗需要皮質空間，才能開展豐富的細節。但找到了能用的皮質空間，也會不可避免地受到主導該區皮質活動的心智狀態影響。不論新體驗有多少豐富細節可以被表達出來，都會被當下整體的心智狀態影響，甚至是搞壞。以波光粼粼的湖面為例，你會獲得什麼樣的體驗，不僅取決於你的大腦是否留有空間，也取決於視覺訊號進入你的大腦皮質時，你是悲傷還是快樂等等。

這是好消息也是壞消息。壞消息是：體驗被加入了更多加扭曲因子，變得更主觀了。我們不僅會因為選擇性注意力、自上而下的預期、對記憶的倚仗、成見等等原因，而看不清事物的本來面目，還會因為可用的皮質「房地產」有限，使得能感知到的細節受到了限制，更會為了要去配合當下的心智狀態，而去彎折、拉扯、扭曲我們的體驗。我們與站在旁邊、與我們經歷完全相同事件的人，有可能以同樣的方式去看這世界嗎？不太可能。不過這也是好消息，因為現在我們知道了。

任何會加重我們負荷、消耗我們心力、引起我們注意、耗費我們精神資源的事物或活動，都會將我們帶離眼前的此時此刻。而其中最主要的就是思緒漫遊。不管我們願不願意，這些持續發散的想法、計畫、模擬和反芻性想法都會不斷湧現，佔據我們的大腦。正念冥想的作用，就是要盡量減少腦中持續發散的活動，以便為我們的新體驗騰出空間，同時使心智狀態趨於中立，讓我們能獲得更純粹的體驗。

正如詩人威廉．布萊克（William Blake）在《天堂與地獄之結合》（The Marriage of Heaven and Hell）一書中提到的：「若能洗淨知覺之門，萬物就會以原始樣貌出現在我們面前，無窮無盡；但人們若封閉自己，就只能通過洞穴的窄縫去看所有事物。」[1]。後來「知覺之門」成為赫胥黎（Aldous Huxley）一本絕妙著作和「門戶樂團」（The Doors）的命名靈感。確實，如果知覺之門沒有洗淨偏見和個人傾向，就意味著固守常規、據守刻板思維；也意味處於「利用」而非「探索」狀態；意味向「過去」而非「現在」靠攏；意味著正以「自上而下」而非「自下而上」的方式運作；意味著我們的資訊是來自「記憶」而非「新的感官刺激」；意味我們不在「當下」而在「他方」。

我的孩子小一點的時候，我有時會替他們做早餐，和他們坐在一起吃飯。他們經常說我老是在分心，我被思緒帶去很遠很遠的地方。一開始，孩子甚至很怕看到我出神的樣子，我眼中那種強烈卻又疏離的眼神很可怕。這是思緒漫遊另一個神奇之處：我們不僅會神遊到別的地方，還會全神貫注地跟去那裡。當時的我就像喪屍一般，雖然跟孩子在一起，同在一張桌子旁吃飯，卻又不是真的在那裡。在那樣子的狀態下，我哪能真正體會他們在說什麼、笑什麼？哪能嚐出口中吃著的楓糖鬆餅的味道呢？我不過是個會做動作的機器人罷了。但經常讓我感到訝異的是：我可以在那些我沒有真正參與的對話中給出合理回應、狀似相當投入——而且不是只有我能做到。我們很多人生都在我們沒有真正參與的狀況下就這麼過去了。

沉浸，就是參與

前陣子我和兒子去義大利南部玩了幾天。我們開著漂亮的敞篷車，前往美麗的阿馬爾菲海岸欣賞海景。結果，開車過程反而成了這趟旅途中最精彩的部分——主要是因為我們開的是手排車，在九拐十八彎、緊鄰著陡峭岩石懸崖的海岸公路行駛，其他義大利人並不會因為你是外國人而放慢行車速度。為了不要失控填海，我每毫秒都投入了十二萬分精神，專注地變換檔位：一檔、二檔、三檔、四檔、五檔、六檔。我開著車，和「開車」融為一體。這實在太令人興奮了。我已經很久沒有感受到如此令人振奮又多彩多姿的樂趣了。因為我們大多數人大多數時都像是以自動模式開著車。生活上也是如此，一定年紀後，我們累積了足夠知識，可以去自動化、逐漸將生活打到D檔，讓生活如車輛般自行駕駛，而我們就像被動的乘客。

為什麼全然沉浸的感受會讓我們有種「活過來」的感覺？簡單來說，「沉浸」是一種**全然自下而上的狀態，只有感覺和反應，沒有想法評價**。當我們沉浸在某個體驗當中，我們不會去思考那個體驗本身，我們根本沒有在思考。在沉浸中，世界傳遞訊息給你，而你的大腦做出反應——沒有思緒漫遊，沒有預期，大腦資源沒有被瓜分，你沒有評判，也沒有陷入思考；你不是狹隘地關注內在和外在環境的某個層面，而是對所有事物敞開心扉，感受著一切。

想要享受生活、獲得令人心滿意足的體驗，「沉浸」是關鍵，但這不是「正念冥想」教給我們的。正念冥想教我們的是去覺察、觀察、目睹當下發生的一切，讓自己存在此時此地——這當然很重要，但還不夠。我們如何參與自己的人生，取決於我們自己。我們不是人生體驗的旁觀者，也不是教練或拿著寫字夾板在那裡觀察、評論、做各種解讀的科學家。我們想要的是「跳進去」體驗裡面，去親自感受。當我們真正沉浸在某項活動時，我們會因為太過投入而無法觀察自己。**這是需要取捨的：觀察多，沉浸就少；觀察少，沉浸就多。**

我們先前提到的正念困境是：正念能幫助我們成為目睹者和觀察者，但未必能讓我們沉浸其中。當我們處於正念或沉浸狀態，我們的思緒都在當下，只是處於沉浸狀態時，我們並未意識到這一點；我們迷失在體驗當中，不論沉浸的事物是好是壞。

我用「迷失」這個詞，不僅僅是在做比喻而已。迷失自我、忘記自我意識，有時可以是一種十分健康的心靈淨化，能迫使DMN暫時停止去想關於自己的事，暫停內心裡所有的那些內在語言。這也是電玩會令人上癮的原因之一。遊戲設計師的目標是讓玩家沉浸在遊戲當中，而玩家在玩遊戲時獲得的回饋則是：當他們全心投入遊戲，他們會覺得自己成為遊戲的一部分。網路上甚至還能找到按沉浸程度排名的遊戲列表，目前《戰地風雲5》（Battlefield V）佔據第一。

沉浸時，我們還會失去時間感。事實上，**「時間感的改變」已經成為一個可靠的沉浸程度衡量指標**[2]。美國職棒大聯盟許多打者都提過這種現象：投手投出來的球，會在他們眼中如慢動作似的——否則打擊者怎能看到平均球速超過一百四十公里的一顆棒球呢？為何會出現「時間感喪失」，確切原因我們還不知道。神經科學對「沉浸」的研究才剛剛起步，而目前探討比較多的是「專注」（absorption）這個相關概念。

「沉浸」是一種狀態，而「專注」是一種性格特質[3]，不過兩者經常會被互換使用。若真要區分兩者，那麼「沉浸」是一種暫時的、轉瞬即逝的狀態，而「專注」則是進入沉浸狀態的人普遍會有的性格特質。專注特質得分較高的人比較常進入沉浸狀態。傳統五大性格特質中的經驗開放性（openness to experience）和外向性（extroversion）都已經被證實與「沉浸傾向」呈正相關[4]。有趣的是，「專注」也與「幻覺」和「妄想」呈正相關，因此，患有精神病的實驗參與者通常也有較高的專注傾向[5]。專注特質也是靈性和宗教體驗的可靠預測指標。總的來說，「沉浸」和「專注」都和能否擁抱「體驗」有關。

沉浸和專注時，DMN的活躍程度會大幅降低[6]。這很合理，因為沉浸時我們會迷失自我，因此DMN中「與自我有關」的思考活動自然也會減少。當全心投入眼前體驗時，大腦神經元似乎幾乎不會耗費半絲精力在其他活動上，尤其是思緒漫遊。當然，延續前幾章的討論，促成「沉浸體驗」的另一個關鍵條件是：切斷自上而下的影響。不管是從記憶中衍生出預期、渴望、計畫、推測，還是為事物命名貼標籤，都會阻礙我們獲得沉浸感。想要獲得沉浸體驗，關鍵是要減少自上而下的、與思緒漫遊和DMN有關的大腦活動。

正如我們之前看到的，正念冥想也會減少DMN活動，減少我們去想到「與自我有關」的議題，不同之處在於：冥想騰出精神空間，是為了留給「未來體驗」，而沉浸時DMN的活動和思緒漫遊的狀況減少，則是為了讓我們能直接參與到「當下體驗」。沉浸時，大腦會減少預設活動，好讓這些精神資源可以分配給刺激的、沉浸式的、多彩多姿的體驗。沉浸能帶來莫大喜悅。冥想時，我們則會通過一些方式（例如標記想法），去讓與自我和其他事物有關的想法從腦海中消失，好讓大腦整體上能更加放空。

「沉浸」和「冥想」還有一個區別是：冥想時，如果我們冒出與自我有關的想法，我們會讓它自由來去，但如果我們是在沉浸體驗中意識到自我，我們會從沉浸體驗中抽離。舉個好笑的例子。我經常會亂逛，然後發現自己是在場年紀最大的人，好比說我會去舞蹈俱樂部，去做混合健身訓練，去做瑜珈，或是光顧一些有趣的餐廳，然後把握良機讓自己全然投入在音樂、身體鍛鍊和談話當中。我不會去想自己的年紀跟其他人差很多，或我看起來很肢體動作很笨拙，但如果在場有人說了什麼話，勾起了「年齡意識」這股陰魂，一切就變了！我會立刻高度意識到自己是在場唯一一個頭髮花白的人，我的肢體靈活度比其他人差得多，我擁有的學位是在場眾人中最多的。當我開始「意識到自我」，也就距離「開始在意他人如何看我」不遠了。於是我覺得所有人都在看我，然後我發現，其實是我在看自己。當「沉浸」變成了「觀察」，所有的快樂也就煙消雲散了。

許多人也在心流經驗當中提到了喪失「自我感」和「時間感」，心流經驗看起來和沉浸高度相關。自從米哈里·契克森米哈伊（Mihaly Csikszentmihalyi）在一九七〇年代提出心流（flow）的概念之後，後續與心流相關的神經科學研究出奇的少[7]。契克森米哈伊指出，當我們參與一項任務，而任務的挑戰難度與我們的技巧程度取得了適度平衡，大腦就會進入「心流」這個深度參與任務的狀態。一般認為，心流十分有助於運動表現，因此，運動員有時候會接受「神經回饋」訓練，讓自己進入心流狀態。

「心流」和「沉浸」的一個很大區別是：「沉浸」不一定是正面體驗；你可能會為了避免車禍而進入瘋狂踩煞車的沉浸狀態。除此之外，「心流」通常會與執行某項特定任務有關，而且我們需要有被挑戰到的感覺；而「沉浸」，則是我們瞬間被捲入某個當下體驗（像是高空滑索、接吻）當中，並不需要去試圖達成某個特定目標。

接下來，我想進一步解釋「沉浸」和「語意飽和」（semantic satiation）之間的有趣聯繫。「語意飽和」是重複盯著或唸著某個詞，然後突然暫時不認識這個詞的現象——你只要重複說「酪梨」這個詞五十次，慢慢你會只聽到「酪梨」的音，而沒有想到這個詞的意思。為什麼會這樣？因為「自上而下」的影響，會因不斷重複而減弱，因此就削弱了記憶能帶給我們的影響，進而導致我們只聽到「自下而上」、從感官傳遞而來的聲音。

這個現象讓我想到了俄國的陌生化藝術。陌生化一詞是從英文的

estrangement、defamiliarization，或俄文的ostranenie翻譯而來。俄國形式主義理論家維克托・什克洛夫斯基（Viktor Shklovsky）在他一九一七年發表的〈藝術作為技巧〉（Art as Technique）一文中創造出這個詞，用來表示一種「將常見事物或概念，以奇怪方式呈現，使它們脫離原始意義，藉此創造出一種看待它們的新視角」的手法。當我們缺少了「自上而下」傳遞下來的訊息，我們就會全神沉浸在物理刺激當中。「沉浸」和「臨在感」會促使我們將注意力全都放在感官上，也難怪它們能提高我們的「知覺敏感度」，讓我們感知到平時不太能留意到的微小物理細節[8]。

沉浸的一個相反狀態是「無聊」。你可能會很訝異，學界與「無聊」這個主題有關的研究，居然有這麼多。我們經常會在談論注意力不足過動症時，提到「無聊」這個狀態，過動症患者尤其無法忍受無聊的任務。但在沉浸狀態下，過動症似乎就消失了。對那些有注意力問題的孩子來說，當某個體驗具有足夠吸引力、能讓他們沉浸其中，他們就會變得非常專注。

如果我們沒有把握「沉浸體驗」，反而將它浪費掉，那實在非常可惜。我們的大腦演化出DMN去佔據我們的心智頻寬，但同時，也演化出DMN的「短路機制」，好讓我們能獲得無上快樂。

想得少一點，體驗好一點

二〇一六年六月，我為《紐約時報》寫了一篇專欄文章，標題是「想得少一點，想得好一點」（Think Less, Think Better），那篇文章獲得了廣大迴響，顯見這些想法讓多少讀者產生了共鳴。顯然，我們很在乎自己的體驗品質，而且我們對現狀並不滿意。那篇文章的主要論點是：我們大多數人都是自己生活中的旁觀者，在缺乏沉浸的狀況下，我們的體驗並不深刻。而當大腦處在忙碌狀態（忙著擔心這個、擔心那個，忙著反芻過去，或忙著裝載不斷湧入的訊息），會降低我們的體驗品質。

為什麼要「想得少一點」？這不僅是因為「體驗品質」與「可用的精神資源」成正比，也因為許多想法和各式各樣的思想干擾，都會阻礙我們的原創或創意思考。根據大腦的預設，人類是有創造力和創新能力的物種，只是日常生活的「精神垃圾」奪走了這些美好能力。我多年來觀察到一個現象，就是人們對「創造力」這個話題相當著迷。就算把討論主題改成「如何多活十五年」，吸引到的人也比不上談創意的主題。人類有著探索和學習的天性，我們想要創造！比起吃更多、睡更多、看更多電視，我們更傾向去創造。

我們現在既然已經意識到，有許多因素會降低我們的體驗品質，我們就要努力去避免這些因素，才能在生活中擁有更好的體驗。首先，我們的傾向、偏見、成見、信念和強烈期望等，都會影響我們看待世界的方式，如果沒有將「知覺之門」清洗乾淨，我們的體驗品質就會被敗壞，也可能會失去光彩。其次，我們習慣讓大腦充斥著各種想法、同時執行多重任務，以為自己可以同時處理很多事情，這種傾向和錯誤信念會大幅降低我們生活能有的深度和豐富度。事實上，當我們嘗試著一次只做一件事（也包括思考）的時候，甚至會感到痛苦；而且有時候大腦的心智資源同時被很多任務佔用，這並不是我們有意去做的選擇。第三，缺乏「沉浸」——這可能是最有影響力的一個因素；我們不能老是在觀察、敘述我們的生活；我們需要進入我們的生活。

讓我再重述一次這些會阻礙我們充分體驗生活的障礙：自上而下的傾向、心智負荷、沒有處於沉浸狀態。就我所知，「正念冥想」是消除這些障礙的最佳方法，但我相信肯定還有其他方式。「正念」能幫助我們統合自身對內在和外在世界的反應，減少那些會讓我們對世界產生成見、批判，以及過多要求的「傾向」和其他「自上而下的影響」，並幫助我們專注在當下。佛教提到的「空」不是指大腦「空無」，而是指「沒有曲解」。至於「沉浸」，那又是另一回事了。

總的來說，了解「正念」，就是了解「想法會如何影響我們的體驗品質」；正念本身並不會讓我們感到快樂，只能讓我們意識到當下發生了什麼——不論好壞——好讓我們能在生活事件到來時好好體驗。

回歸「快樂」

幾年前，我在巴西里約熱內盧的科學會議上發表演說。有天晚上，我們獲邀前去著名的馬拉卡納運動場（Maracanã stadium）觀看足球賽，雖然我不是足球迷，但這裡是足球大國巴西。當晚運動場的氣氛簡直太令人興奮了，甚至可以說是火爆。我們在比賽結束後要離開運動場時，看到一個赤裸著上身、欣喜若狂的球迷在那裡又唱又跳，從他臉上的表情，我們可以看出他明顯是醉了。他沉浸在無比快樂的自我世界裡，而不是我們生活在的這個世界。同行一位科學家轉頭問我：「墨實，什麼事會讓你如此開心呢？」難過的是，我幾乎想不起來任何一件事——除了記憶中幾次精彩球賽（或許還有幾個別的瞬間吧），我想不到任何其他能讓我如此欣喜若狂的時刻。我當然也有過開心的時候，但如此深刻、毫無拘束、無所忌憚的快樂，是我們長大之後就不太能體會到的。

我女兒十五歲生日時，我帶她去法蘭克福參加一場科學會議，會議主題是美學和大腦。我們也一起去了偶像歌手哈利．史泰爾斯（Harry Styles）的演唱會。現場有一萬五千名興奮的少女——這群觀眾和她們的行為，令我深深著迷。作為一個對「人性」感興趣的神經科學家，我覺得這裡就像是一個大型培養皿，可以讓我觀察到少年人的宇宙和他們的真實幸福感。我觀察著孩子們的表情、肢體語言、談話，以及他們等待史泰爾斯出場時那種噪動不安的期待情緒；我從來沒有被如此多的快樂包圍過。從等待節目開始到節目結束，空氣中都瀰漫著巨大的幸福感和自由感，我也是從這一刻開始真正相信，像哈利．史泰爾斯這樣的巨星，值得因為他們能為社會帶來的健康福祉獲得殊榮。

但現在我想專門來談談「個別的快樂」。我看到兩個女孩走到她們的座位，然後，我能看出她們在一瞬間突然意識到：自己真的要見到史泰爾斯了；她們看著彼此的表情是那樣幸福。這種表情，我已經很久沒有在成年人臉上看到過了。再多的錢、再多的成就，也無法讓如此強烈的幸福表情浮現在我朋友臉上——即使是接到諾貝爾委員會打來的通知獲獎電話也不能。她們天真、眉開眼笑、掛著真摯笑容的表情，我到現在都還記得。

我選擇用「天真」（naive）這個詞來描述她們的表情，這反映了一個問題。**為什麼只有幼稚或天真的人才能如此快樂？為什麼我們成年之後，會認命地接受「次級的快樂」**？想要重拾多年前我們在孩童時代天天都能感受到的極致快樂，不應該被認為是不切實際的。

「快樂」已經被證實是一個越來越難實現的目標。哈佛大學以及後來的耶魯大學開設的課程中，最受學生歡迎的課程是兩堂與「快樂」有關的課程，而且是壓倒性勝出。我們似乎對任何可能帶給我們快樂的東西都很著迷，這顯然是人類不懈的追求。人類一族並不快樂，我們急切希望能找到方法讓情況好轉。所以想當然爾，我在這裡所鼓勵的「追求極致快樂」看起來可能有些貪心，甚至是在妄想，但我確實認為我們應該反問：隨著年齡增長，我們曾經有過的極致快樂都到哪兒去了？

雖然「快樂」是人類存在的核心，但快樂並沒有科學的定義。心情很難去定義。目前我們已經看見思考會如何影響我們的感受，以及我們的感受會如何影響我們的思考。思考活動決定了我們的存在狀態，而「我們是否快樂」這件事則是由大腦負責——知道這點讓我感到安慰。

第十二章 在正確的場合，使用正確的心智狀態

你坐在一間冥想室裡，裡頭有卅、四十人坐在枕頭和小地毯上，安靜無聲。你已經專注在自己的呼吸四十五分鐘了，感覺非常放鬆，就這麼閉著眼，陷入深思——也有可能是在觀察自己的想法。你聽到遠處傳來鳥叫的聲音，整體上感覺自己好似在雲端。現在時間接近中午，你從早上六點開始就斷斷續續做著冥想，但你完全沒有時間感。突然，你聽到藏缽的鑼聲，聲音不大，卻很清晰——這場冥想結束了。然後一瞬間，你的身心狀態就跟剛才完全不一樣了，你的腦中瞬間充斥著與未來有關的事情，像是你等一下要去冥想室外拿鞋子，還要喝水，然後你要趕在食物被搶光之前先去餐廳（這是在描述我）。我可能還沒開竅）。你感覺自己肌肉緊繃起來了，思緒肯定下降回到塵世之間了。就這一秒的功夫，你的存在就有了天翻地

覆的轉變——從「內在取向」變成「外在取向」，從「關注現在」變成「關注未來」，從「被動模式」變成「主動模式」。所有改變一瞬間將你吞沒。

我是在某次旅行中（頓悟總會在你最意想不到的時候出現），在某個深夜，反思了前述提到的所有發現——包括思緒漫遊、預測、感知、正念覺察、受新事物吸引、廣泛聯想的思考、心情、沉浸——然後突然意識到：所有這些不同面向是相互連結的，共同構建了我們的「心智狀態」。它們相互綑綁，還會一道改變，在心智狀態的光譜兩端之間移動。

總體心智狀態

我們是活躍而多變的生物，能夠調整自己去適應多種局面和狀況。而不同於我們直覺以為的，我們的心智其實是會變動的。正如瞳孔能放大到最適合某種光線亮度的大小，我們的心智也可以根據任務和情境去做出相應的改變。

「心智狀態」不只是語言上的比喻，它涵蓋了眾多面向，而且不斷變動著。心智狀態可以在以下面向有不同表現：我們可以很有創造力、以廣泛聯想的方式思考，也可以高度專注、在小範圍內思考；我們可以去注意、去感知，並記住周遭世界的全局屬性（見「林」）或局部屬性（見「樹」）；我們的感知可能會受到「自下而上傳入的訊息」或「自上而下傳來的預測和偏見」影響；我們的心情可能是正面的或負面的；我們可以存在當下（如同正念冥想時），也可以精神上穿越到過去或未來；我們可以「向內」思考與自我有關的話題，也可以「向外」關注我們的周遭環境；我們可以讓自己以「探索新事物」或「利用熟悉事物」的模式去學習、體驗、容忍不確定性。所有面向都是連續的光譜，在廣泛和狹隘之間（在開放和封閉之間）遊走，而我們的心智狀態很少會處在某個極端，但要試著去解釋「人類心智」是怎麼一回事時，我們需要知道並考慮到這些極端。

我和諾亞．赫茲（Noa Herz）共同發展出一個「心智狀態」的新框架，重點有二。第一，心智狀態是活躍的；第二，心智狀態是涵蓋眾多面向的，包含感知、注意力、思考、開放性、情感等等，都會在狀態有變化時協調地做出改變[1]。不同的心智狀態會帶來不同的偏見和傾向，對我們的感知、認知、想法、心情和行動產生實質且全面的影響，可以改變我們對環境和自我存在的主觀體驗。大腦可以有不同「狀態」，像是覆蓋在我們整個大腦上的一張網一樣，能同時讓不同的心智歷程根據當下情境的需求去做出相應調整——意識到這點是相當重要的，也很令人驚嘆。

舉例來說，如果一個人當下靈感爆棚，那麼，她也會以廣泛聯想的方式思考；這時她的思緒漫遊範圍是廣的、心情是正面的，而且會偏向以全局的、自下而上的、探索的方式去注意和感知她周遭的世界，並且對新事物相當敏銳。我將這種狀態稱為「廣泛而開放的心智狀態」。

相對的，如果她現在十分專注，正自上而下地利用記憶去完成某項任務，那麼，她考慮到的資訊範圍會比較有限，會比較偏好常規，思考上也會比較刻板，會去避免新事物和不確定性，而如果此時她思緒漫遊起來，漫遊的範圍也會很窄小，我將這種狀態稱為「狹隘而封閉的心智狀態」。

「心智狀態」也蘊含了一些與未來有關的資訊，這點比較不直觀。一般來說，當我們利用某種精密的測量工具去探測某個自然現象，我們可以測出它的當前狀態，也就是此時此刻的狀況，例如，現在房間內的溫度是多少、燈泡發出的光強度是多少、你喝的咖啡中含糖量是多少。你可以獲得相當多的訊息。有時候，測量結果也蘊含與過去狀態有關的資訊，例如心臟科醫生可以通過心電圖，得知某個心臟先前如何跳動，或者我們可以在看到來自某顆遙遠恆星的光時，知道光在多年前就已經發出了，而且有時候甚至在光抵達我們的眼睛時，那顆恆星就已經不存在了。事實上，只是單純欣賞個日落，你的眼睛就會去測量幾分鐘前的落日光線和顏色。

不過除了過去的資訊，「心智狀態」也蘊含了一些與你有關的未來資訊，也就是，基於你的當下狀態，你未來在面對不同觸發物和刺激時可能會如何反應、如何感受或採取行動。這就像你可以根據股市現狀去預測股市接下來的走勢。如果我們能夠有完美的心智測量工具，那麼，你當下的心智狀態（好比說是廣泛而開放的），將有助於預測出未來的你在面對即將到來的問題時，會有的創意度和冒險程度——你的當下狀態會預測出未來的你。

「心智狀態」不同於「性格特質」——雖然性格特質也會影響一個人的傾向、態度、行為和表現。一個沒耐心的人不太可能長時間集中注意力，而一個在五大性格特質測驗中的「經驗開放性」這個面向取得高分的人，則比較有可能展現出探索式的行為（而非利用式或不求創新的行為）。我們可以將性格特質視為信封，將心智狀態視為信封裡的內容。心智狀態比較容易變動，因此也比較不容易持續，但心智狀態跟性格一樣，都十分具有影響力。

我們以心智狀態的「心情」面向為例，當下的你是快樂還是悲傷，會直接影響你在當下的注意力範圍、記憶力等等。同樣地，你的工作記憶現在有沒有被佔據──好比說，你現在是不是正一邊記著一長串數字一邊尋找著紙和筆，或者你的腦中現在是不是充斥著各種想法──都會直接影響你在那段時間的創造力，以及心智狀態偏向「探索式」或「利用式」的程度。這也會反過來影響你是不是能在環境中發現新事物，以及你在那種狀態下做出決定時願意承擔多少風險。

十九世紀愛爾蘭詩人約翰．安斯特（John Anster）曾經翻譯了歌德的《浮士德》，而蘇格蘭登山家威廉．哈奇森．莫瑞（William Hutchison Murray）受到這個啟發，寫下了一段話：「不論你能做什麼，或夢想自己能做什麼，就去做吧。勇氣蘊含著天賦、力量和魔法，現在就開始去做吧。」[2]我很喜歡這段話。有力量的文字可以激發出行動，強化決心，徹底改變某種心智狀態，帶你進入全新的狀態。

事實上，許多觸發因子都會改變我們的心智狀態，使我們充滿適應力和活力。

好比說，你的團隊亟需一個創意方案去解決某個大問題。你苦思了好幾個禮拜，卻一直沒有想出好方案，於是你希望透過集思廣益來解決問題，所以你召集團隊成員召開一場腦力激盪會。現在問題來了：你如何能讓團隊成員真正貢獻出他們的創意呢？

嗯，首先你需要考慮團隊成員在進入會議室時的心智狀態，這是肯定需要去注意的。你期望他們繃緊神經、打起十二萬分的注意力嗎？不閒聊、沒有甜甜圈或披薩，以肅穆的態度去思考解決方案。真的要這樣嗎？我們剛剛才談到，一個人心情好的時候比較有創意，也會比較擅長去解決那些需要新穎洞見的問題——因為快樂會讓我們進入廣泛聯想的思考模式。所以，你應該讓團隊成員的心情輕鬆愉悅，讓他們覺得這是場有趣的會議。你可以播一段喜劇的電影片段，或者播個搞笑的小貓影片來活絡氛圍，為會議氣氛定調。先讓他們意想不到、開懷大笑，然後再將問題拋給他們。這只是個我們都可以在日常生活中去應用的小例子——去調整我們的心智狀態，調整成最符合當下需求的狀態。

現在，我們再次來談談「沉浸」這個議題，但這一次放在「總體心智狀態」的框架下去談。「沉浸」是探索式狀態的極端——只有從下而上來的訊息接收，沒有自上而下傳遞下來的記憶、熟悉的關聯、期望。

而在另一端的極端則是「充分利用」（如果這種狀態可能出現的話），在這種狀態下，沒有任何一個神經元會對來自環境的外在刺激做出反應，所有的處理歷程都由內在的訊息和感覺觸發。我正在研究，看看這種狀態是不是真的能被誘發出來。

等我理解到「我們在各種狀態下的心理經驗，都會相互連結」這個道理之後，一切就豁然開朗了。我立刻就意識到，這個新發現可能會對我們的日常生活帶來幫助；了解心智狀態的光譜，有助於我們引導「心智」刻意在這兩種不同極端之間移動。

探索和利用

孩子小的時候，我常帶他們波士頓科學博物館。到了午餐時間，我們在館內的自助餐聽，我喜歡安排孩子坐在靠近門口的位置，然後向他們展示一種奇特的人類心智現象：大家走進來時會盯著我們的盤子，出去時會看我們的臉龐——這兩種截然不同的狀態，分別呈現出人們對食物訊息和對社交訊息的渴望。

人類會在生存之外盡量去獲得「酬賞」；酬賞越多，我們就越快樂。而什麼能帶給我們酬賞，取決於我們當時的心智狀態：有時候是食物、有時候是性、有時候是學習、有時候是愉快的例行公事。有趣的是，這些心智狀態甚至會影響我們的基本感知。我們往往主觀以為自己總是以相同、一貫的方式，持續去感知周遭環境，但事實是，我們的感知還會被一些我們沒能意識到的影響因子引導、限制和扭曲。

我們的需求、目標和意圖都是強大的驅動因子，能決定我們會利用感官從周遭環境中收集什麼。如果你在趕公車，就不太可能留意到途中的美麗建築物；如果你把注意力放在某人美麗的臉龐，之後可能很難回憶起那人穿什麼顏色的襯衫；如果你正在欣賞森林的景致，可能很難留意到單棵樹木的變化。事實上，研究已經證實：有許多因素，像是任務、情境，甚至是心情等，都會影響我們對環境的關注範圍。

如果我們的心智狀態能如此直接地影響我們的行為和感知，那麼我們應該會想知道：具有如此強大影響力的心智狀態，是由哪些因子所決定。除了目標和意圖之外，另一個影響因子是大腦中「探索／利用模式」之間的有趣角力。從很多面向上看，這兩種對立模式的不同之處在於「對不確定性的容忍程度」。

在日常生活中，這兩種對立模式對我們都很重要，兩者會維持良好的平衡。如果不去探索，我們就無法學習和發展；如果不在必要時利用我們熟悉的確定性，我們也很難生存。如今學術界正積極研究「探索模式」和「利用模式」的神經基礎，但對我們所有人來說，很重要的是要知道自己現在正處在「探索／利用」光譜上的哪個位置，並經常根據所處的位置去引導我們的活動。例如，如果你正在擬定詳細的年度預算表，那最好要處在偏向「利用模式」的狀態；但如果是要為新公司想一個創意名稱，那麼處在「探索模式」對你可能是最有利的。

這些狀態以及它們相互之間的角力關係，不僅會引導我們與外在世界的互動，也會影響我們內在的精神生活。但我們的內在與外在世界，並沒有明確的邊界區隔——這點符合科學研究所指出的，我們的內在和外在生活有許多相似之處；也符合佛教教義所提到的，沒有真正的內在和外在之分。正如鈴木俊隆（Shunryu Suzuki）在他的經典著作《禪者的初心》（Zen Mind, Beginner's Mind）中提到的：內在和外在世界之間的區隔，不是一堵牆，反而比較像是一扇旋轉門。而從科學的角度來看，外在世界會被感知、被表徵，然後儲存在我們的內在世界，所以兩者並非相互獨立的。我們的內在思考模式會在「廣泛而開放的探索狀態」和「狹隘而封閉的利用狀態」之間切換（正如我們對周遭的外在世界也會這樣）。我們可以專注思考某個特定想法或問題，也可以通過聯想從一個主題漫遊到另一個主題。當我們正在思緒漫遊，或手邊沒有什麼吃重任務的時候，大腦經常是在計畫和生成各種假設性的心理模擬，這些心理模擬往往會變成有助於我們應對未來情況的腳本。思考模式越偏「探索式」，我們做出的心理模擬就會越廣泛、越強烈。「探索式的心智狀態」是極具創造力的，卻不是我們唯一需要的狀態；大腦一方面需要在專注時對分心事物保持封閉，一方面又需要對預期以外的新事件保持開放，這種專注而開放的狀態是種微妙的平衡。路易・巴斯德（Louis Pasteur）曾經說過：「機會眷顧心理上準備好的人。」而準備最為充分、最能去留意到各種機會的心智狀態是「探索式的心智狀態」，但發現機會之後，要有效地抓住這個機會，我們需要「利用式的心智狀態」。

我們還需要進行更多研究，才能知道要如何最佳利用兩種心智狀態的角力關係，去增進我們的表現和福祉，但除了改善我們的日常活動，心智狀態對常見的精神障礙也有影響力，接下來，我舉兩個例子。

第一，正如先前提到的，「反芻性思考」是大多數類型的情緒障礙症（像是憂鬱症和焦慮症）的標誌特色，這種思考模式是循環式的，不僅使人困在狹隘的主題中，而且也很難中止。想要具有創造力和生產力，大腦需要廣泛聯想，但憂鬱和焦慮的大腦思考方式，恰好是廣泛聯想的相反，因此，患有嚴重憂鬱症和焦慮症的人，大多數的時候都是以「利用模式」進行思考。反芻性思考就像那些會消耗精神資源的任務一樣，會加重大腦負荷、搶走我們的大腦資源。

第二，位於光譜另一端的，是注意力不足過動症患者；他們是周遭環境的終極探索者，幾乎會注意到所有事物，但卻幾乎不會投入到任何事物當中。如果能在某種程度上去提高過動症患者停駐在某些事物上的能力，或如果能讓思維模式是反芻傾向的人多進行廣泛聯想的思考，都可能讓他們受益。這也是我實驗室目前正在研究的主題：我們希望通過調節「探索」和「利用」狀態之間的平衡，去成功改善心情，並更精確地了解大腦中的這種核心角力。我們現在已經證實：了解不同心智狀態的優勢和傾向，能讓我們的生活變得更好。

心智狀態是什麼

我們還無法完全解釋心智狀態是如何構成的，我們只知道心智狀態有很多不同層次的解釋。最低層次的解釋是分子單位，特別神經傳遞質（他們是信差）；最高的解釋層次則是行為和心理事件。而兩者之間還有神經元、神經迴路、生理喚醒等不同的神經科學解釋角度。

心智狀態由什麼決定？決定要素有很多，包括情境、目標、歷史等。心智狀態可以由外在因素觸發，例如得知天大的好消息，或目睹悲慘的意外事故；也可以由內在因素觸發，例如冒出的想法或身體感覺。我們可以用一個總體概括的假說去解釋大部分的、甚至是所有的心智狀態，那就是：我們的心智狀態是大腦「自上而下」和「自下而上」的處理歷程之間的平衡所決定的。

我們先前已經從「大腦皮質」的角度，詳細解釋了「自上而下」和「自下而上」的處理歷程。接下來我們以比較直觀的方式說明。「自上而下」的處理歷程需要仰賴過去經驗、記憶、情境、目標和預測，而所有這些先行積累並儲存在高層次皮質區的知識，會自上而下地去塑造感知；「自下而上」的處理歷程則是直接輸入來自感官的訊息，也就是感官單純從環境中的物理刺激感知而來的皮質反應，而這些反應並未受到來自較高層次皮質區所助長的（也可能是扭曲的）影響。我們大多數的感知、認知、情緒和行動，都是大腦在不同程度的「自上而下」和「自下而上」的影響下運作出的，而大腦會根據一系列因素去分派兩種機制相對的權重比例。

不過，「探討極端狀況」也能讓我們獲得豐富資訊。第一個極端，就是大腦什麼時候會完全仰賴「自上而下」的處理歷程、一點也不管「自下而上」的訊號呢？

「做夢」就是一個例子。做夢時，沒有來自感官輸入的自下而上的影響（當然，難免有例外）。至於做白日夢，雖然不全仰賴自上而下的處理，但也相當接近。另一個例子則與「心像」有關。如果你閉上眼睛，想像新房子的家具布置，或想像你朋友的頭髮染成藍色並穿著亮黃色的衣服，此時，你單純仰賴自上而下的處理歷程，而沒有倚仗自下而上傳來的訊息。有趣的是，心盲症（aphantasia）患者和我們不同；他們沒有這種能讓思緒飄去遠方的心像能力，所以他們往往會提到自己更常活在當下、思緒漫遊的次數也比較少。3

至於另一種極端狀況，也就是只有「自下而上」而沒有「自上而下」的訊號。最好的例子就是做到真正的正念。理論上來說，當我們通過足夠練習，獲得成功的冥想經驗，達到理想中最高標準的完全正念，所有自上而下的處理歷程都會被關閉。我也確實是這麼看待冥想的運作的。我認為冥想就是藉著「降低那些會把我們帶去其他時空的、自上而下的處理歷程」，來幫助我們體會當下，讓我們能欣賞眼前那隻停在樹上的鳥兒，而不被各種擔憂、目標、評判和期望干擾或打擾。

你此刻的心智狀態，取決於當時你分別接收多少「自上而下」和「自下而上」

傳遞進來的資訊。你是以「廣泛開放的注意力聚光燈」還是「聚焦式的注意力窺孔」去消化周遭環境，是秉持著冒險還是固守熟悉事物的態度，是進行廣泛聯想的創意思考還是不斷反芻同個議題，是快樂還是悲傷——所有這些都取決於你的大腦如何平衡「自上而下」和「自下而上」的處理歷程，取決於你比較偏重「感官輸入」還是「大腦傳送下來」的訊號。你在平衡狀態下處在光譜上的哪個位置，決定了你在各個面向上會如何感知、處理和感受。

但我們不該被這裡的用詞混淆，誤以為我們可以完全掌控自己的心智狀態。大部分的這些運作都是自動的、不在我們的意識或意願控制範圍之內，而是由外在環境的線索或內在訊號和想法所觸發的。儘管如此，我們確實對心智狀態具有一定的影響力，而了解心智狀態，能讓我們在當中掌握更多話語權。

不斷改變的狀態

「心智狀態」是會變動的（不管有意還是無意地），不是老天注定的。心智狀態的改變類似於「重新框架」（reframing）這個心理學概念，亦即我們可以用不同視角去看待相同的情況，而我們如何選擇（或接受），則會影響我們對它的整體看法。以下可以試試看這個小練習：假設你初次跟某個人碰面，對方可能是你應徵工作的面試官、來應徵工作的面試者，或是你初次約會的對象。因為對象不同，你的感覺和行為也會很不一樣。心智狀態不僅會影響我們的行為，還會影響我們的感知，就連「時間流逝」等基本感知，也都可能因為在過程中感到無聊或痛苦，而讓我們在主觀上覺得這段時間過得很慢，或因為在過程中感到無比興奮，而覺得時間流逝得特別快——儘管我們知道這段時間長度一直是一樣的。

心智狀態有時候可以按照我們的心意改變，就像我們能在實驗中誘導出心智狀態一樣。我們可以改變心情、改變思考廣度、改變注意力範圍、改變「全局／局部」感知傾向、改變「探索／利用」態度等等。重要的是，因為所有這些面向都相互聯繫，所以改變其中一個面向，其他面向也會跟著改變。如果你讓一個人更加快樂，那人也會更廣泛地去聯想思考、更全面地去感知環境，會有更廣的注意力範圍，也會更能容忍不確定性；而如果你讓一個人去進行更廣泛的聯想思考，你同時也會改善那人的心情……等等。所有這些面向都是相互聯繫的，所以，如果有某個特性很難改變，我們可以利用這點，藉著「改變與某個特性相聯繫的另一個特性」，去間接帶來改變——就像有很多「切入點」可以讓我們進入相同的狀態一樣。你未必能要求某個人在隨時具備創造力，但你可以改善他們的心情，進而誘發他們進行聯想思考，並提升他們的創造力。

只要我們能熟悉這些「可以引導我們心智狀態」的方法，就可以幫助我們在不同的心智狀態下，都拿出最好的表現。舉一個日常生活的例子：我知道我睡眠不足的時候，白天就很暴躁（使別人討厭我），只要我意識到這種狀態，我就會告訴自己：前晚睡不好的話，次日要減少和他人的互動，就算寫電郵也要簡短。另一個例子是，商店播放的歡快音樂會讓客戶感到開心和自由，因此購買更多東西，既然我理解這一點，就知道如何提防。

我們也可以透過操弄我們的心智狀態，從而提升我們的表現。例如，心情愉快時，你坐不住，所以在這種狀態下就不適合申報所得稅，而且你最好知道，在這種狀態下你比較容易做出冒險的決定。但另一方面，這種狀態卻非常適合用來替某個問題想一個跳脫常規的解決方案。正如你知道一天當中最適合你集中精神的時間段是早上，你知道最適合用來探索新領域而不焦慮的狀態是廣泛聯想思考時的狀態。

心智狀態還有一個更有趣的層面，跟「記憶」和「心理模擬的限制」有關。在某些狀態下，我們無法去想像出「另一種狀態」，例如憂鬱症發作時，患者會相當痛苦，卻往往無法勾勒出「自己好一點時」的狀態；如果讓她想像「昨天的感受是多麼美好」，你會發現她腦中沒有真正的概念，因為此刻她陷入了沮喪的心智狀態，而這種狀態接管了其他狀態的記憶，所以同樣地，她也無法想像「感覺好一點的未來」。情況也可能是反過來的：你在一個風和日麗的早晨醒來，突然想起昨天半夜裡，你因為擔心一些小事而輾轉難眠，你實在不明白自己為什麼會有這些莫名其妙的擔憂，把你折磨得那麼深；可對昨晚的你而言，那些擔憂是那麼的真實巨大而令人焦慮，但你一旦擺脫它們，就再也無法重新經歷昨晚的強烈感受了。

我們無法重新經歷、重新感受，這點可以用來幫助我們解釋一些比較深層的、跟日常體驗以及幸福感有關的議題。佛教教義鼓勵我們要活在當下、體驗當下，也經常提醒我們「活在過去」對我們沒有好處。因為，活在過去等於是「活在過去經驗的記憶中」，可是記憶並不是經歷。當你喚醒某段經歷的記憶，你喚醒的是記憶，而不是經歷本身以及經歷在那時實際帶給你的所有感覺和感受。記憶只是某段經歷很淺層的表徵，缺乏那時你感知到的顏色、味道和聲音，也沒有當時感知到的情緒深度。這也代表，我們之所以無法重新體會記憶中某段回憶帶給我們的當下感受，至少有部分是因為：「我們現在的感受和當時的感受」以及「我們記憶中的狀態和當前的狀態」是相互衝突的；我們不可能同時感知兩者，因為它們會競爭相同的皮質空間。

在知覺領域中，有所謂的「雙穩定圖形」（bistable figure）和「雙穩定知覺」（bistable perception）的概念。在著名的老婦人和年輕女子的雙穩定圖形中，你在同一個特定時刻，腦中只會出現一種知覺，也就是，你只會看到「老婦人」或只會看到「年輕女子」；儘管你知覺到的圖像可能會交替出現，但你無法同時知覺到兩者。同理，我們無法讓兩種狀態同時出現在腦海之中，你要麼在當下，要麼在他處，但不能同時經歷兩種狀態。「當下的狀態和感覺」佔據了主導地位，而「從記憶中被重新喚醒的狀態和感覺」則被限縮為較不明顯的簡略版本，就像螢幕上的一張圖片一樣。

還有一些其他例子指出我們必須要（可是無法辦到）在同一個大腦中裡持有兩個相互對立的觀點。布萊茲．帕斯卡（Blaise Pascal）在《思想錄》（Pensées）一書中提到：人類既看不到他所源出的虛無，也看不到他所深陷在的無限。我出生的時候，我父母還很年輕──這是幸事也是不幸。有時候，他們會讓我覺得自己可以自由嘗試，實現我在世界上的任何目標；但有時候又會讓我覺得自己像個失敗者，應該學會謙虛──這很令人困惑，但最終卻成為令我一生受用的工具。我後來發現，這其實是哈西迪猶太教（Hasidic Jews）所宣揚的教條，但我父母當時並不知道。據說布納姆（Bunam）這位知名的拉比曾經告訴他的學生：每個人都應該攜帶兩張紙條在身上，一張紙條上寫著「世界是為我創造的」，另一張紙條上寫著「我只是塵土和灰燼」。

顯然，「世界是為我創造的」與「我只是塵土」這兩者不能單獨存在：我們不能一直認為世界是為我們創造的，也不能一直認為自己是灰燼。因此，我們在生活上，需要交替採用這兩種不同的自我觀，並根據不同情境、不同需要，決定要比較傾向「世界為我而造」抑或「我是塵土」。但兩張紙條我們都得帶著，就像那些交替出現的「雙穩定」視錯覺，或交替出現的心智狀態。

「廣泛而開放」和「狹隘而封閉」的心智狀態

心智狀態是一整套的，內有一整組相互聯繫的趨向和傾向。例如有一種心智狀態裡面，包含了創造力、廣泛聯想、正向心情、對外界的全局關注和感知、探索模式、好奇心、追求刺激，以及比較不受到自上而下的處理歷程影響等等的趨向和傾向，全部相伴相隨，我們將這種狀態稱為「廣泛（或開放）的心智狀態」。

相對於這種狀態的，是「狹隘（或封閉）的心智狀態」，處在這種狀態下的人會比較專注、比較少去聯想，也比較會去注意到局部、比較會去分析，比較偏利用模式，除此之外，也比較偏好常規、比較仰仗記憶、比較會去避免新事物和不確定性。*

「廣泛」和「狹隘」兩種全然不同的心智狀態，會帶來截然不同的觀點視角。

以不確定性為例，它可能會讓處在「狹隘的心智狀態」的你感到焦慮，因為你更傾向去「利用」熟悉事物；但如果你是處在「廣泛的心智狀態」，你可能會對不確定性感到很興奮，因為你正在探索。我在異地品嚐各種我不認識的食物時，會感到無比興奮，但如果我是在家鄉的餐廳點餐，如果有我辨識不出來的食材，那我會很不想點那道菜。不同的心智狀態會帶來截然不同的體驗。

心智狀態沒有好壞之分。廣泛還是狹隘，意味著思考活動的不同偏重，都各自

＊已故的克里克（Francis Crick）是諾貝爾獎得主，他和華生（James Watson）共同發現了DNA的結構，我有次曾經聽到他說：閱讀會腐蝕大腦。現場大多數人對此都大惑不解，但這句話卻立刻引起了我的共鳴。當我要在某個新研究領域開展研究計畫，我傾向先不去閱讀和這個主題有關的現有文獻，好讓我的思考能保持新穎、不受影響；當然，日後我還是會去閱讀文獻，但我不希望我在想法形成之前，就先被前人的看法影響，被那個領域原有的主流思考模式定型。這個做法通常是有用的。有一次，我的確在想到一些與「開放和封閉心智狀態」有關的看法後，在事後發現，先前已經有人在意想不到的領域以某種方式提到過類似想法——這個人是喜劇演員約翰．克里斯（John Cleese），「蒙提巨蟒」劇團的創辦人，也是許多部偉大的喜劇類、益智類作品的幕後智囊。我曾經和我祖父一起看過克里斯自編自演的情境喜劇《非常大酒店》（Fawlty Towers）。我很榮幸我的兒時偶像比我更早提出類似想法——雖然他不是科學家，卻令人驚嘆地提出很好的科學見解。

有比較適合的情境。如果你想學習、想要有好奇心、想要探索、想要創造，那麼，「廣泛」的心智狀態很適合你；但如果你想完成一項目標（可能是你在廣泛心智狀態下想到的、想要努力去實現的一個想法）、想要讓自己專注、有安全感、有確定感，那麼，「狹隘」的心智狀態就是你所需要的。幸運的是，我們很少，甚至從來不會處在這兩種心智狀態的極端。

在日常生活中，我們的心智狀態會動態地在兩個極端狀態之間移動，而我們希望心智狀態處在的位置，也會因情境不同而有所不同。心智狀態可以動態移動的好處是：我們通常可以順暢地讓心智狀態沿著光譜移動，而且能從很多不同的角度去推動它，讓它按照我們的心意移動。事實上，如果我們有意識地去讓自己心情變好，比如播放自己喜歡的音樂，我們同時也會讓自己更偏向「探索式」的心智狀態。我的實驗室曾經使用「納馮圖形」（Navon figures）做過一項實驗（這個圖形最初是由心理學家大衛．納馮David Navon設計，故而得名），我們在實驗中發現：把這種圖形展示給實驗參與者觀看，要求他們專注在局部細節——也就是每一個單獨的字母H和T，或專注在全局圖像——也就是H和T所排列出來的大字母F

和L，就可以讓他們的心智狀態往「廣泛」或「狹隘」的方向移動，進而影響他們的心情。同樣地，如同先前提到過的，我們也可以通過列出廣泛聯想和狹隘聯想的單詞列表，去改變思考廣度，進而改變心情。

我們都曾有過「心智狀態」迅速變換的經歷，這也是冥想靜修所帶給我的最深刻體驗之一，因為，即使我一直很努力，想讓大腦進入深度正念模式，卻總是會一再跳離那個狀態。我們的心智狀態隨時都可能快速切換，也許這一秒你正在狂歡、和朋友一起放聲大笑，但下一秒就突然意識到你忘了把早些時候要提交的報告寄給你的主管；或者，也許你正在看自己喜歡的節目，然後腦中突然閃過一段可怕經歷，結果就讓你開始陷入反芻性思考。一封電子郵件的響聲也可能會像巨大的鑼聲那樣，把我們從專注的狀態中拉出來，然後大腦開始編織起一個跟原先情境無關

```
HHHHH        T
H            T
HHHHH        T
H            T
H        TTTTT
```

的聯想網路。這種流動性可能會讓人相當苦惱，但也可以是很棒的恩賜。

我很樂意跟各位分享，整體心智狀態可能造成什麼影響，這樣大家在面對日常生活的挑戰時，就可以開始應用。我自己是覺得很有幫助。好比說，我會分配一些時間讓大腦進行廣泛聯想的思緒漫遊，或是去慢跑，而這些活動可能會十分有助於我們切換心智狀態。而大家可能比較不會想到的是：要想出問題解決方案，我們也可以去一個陌生的環境——這是激發「探索式思考」和「創意思考」的好方法。我經常給出的建議是：與其去改變心智狀態，不如去善用它，好比說，如果你現在心情低落，這是個很好的時機，可以去完成某個你一直拖著不做的枯燥任務。我會在自己處於廣泛而開放的心智狀態時，讓自己保持好心情，並善用這種心情狀態去做一些探索式活動，或讓思緒去漫遊，希望藉此想出一些好的新點子。我也會在自己思緒不由自主漫遊起來時，予以尊重，不讓自己因此感到內疚，但如果我陷入反芻性思考，我通常會做一些事情去打破這個魔咒。久而久之，檢視自己的心智狀態就成了我的第二天性。而現在，我也常刻意地觀察自己在體驗中的精神狀態，並選擇是要接著去觀察自己如何體驗，還是讓自己盡可能地沉浸其中。

我們目前還不知道，什麼條件能觸發自主的沉浸狀態，但已經可以證實的是，我們在很大程度上能按照自己的心意、讓自己在「需要時」進入沉浸狀態，而在我有意去做的各種沉浸體驗中，我最喜歡的是陪伴孩子們的體驗。當然，我們不能一天到晚忙著檢視自己的心智狀態，但我們可以學著提醒自己要更經常去這麼做，而且正如我發現到的：這麼做對改善我們的生活很有幫助。

滿載的大腦，就是沒有創造力的大腦

大腦同一時間能做的事情是有限的，它的運作能力也會受到記憶能儲存的訊息量、訊息的處理速度等因素限制。「同時執行多重任務」在很大程度上是個迷思，若眼前同時有好多項需要心智資源的任務要執行，可能會影響大腦的處理過程以及精神資源的可用性。例如，假如你必須暫時記住某些事物（一組單詞），那麼在這段時間內，你的大腦就沒有資源去吸收新訊息；如果你帶著兩個哭鬧的幼兒走在超市，你就沒有心力去探索，甚至沒能注意到貨架上擺出的新產品；如果你在博物館聞到一股噁心的香水味，你可能會無法好好欣賞眼前的藝術品。

這些都是我們不能控制的，大腦總是會忙於其他事情，而我們已經習慣了利用剩下的資源去處理我們眼前要做的工作。我們可以想像是背著背包去健行，背包是一種負荷，甚至會侷限住我們，但背包這個負荷通常不會阻止我們跨步向前。負荷可能很輕，也可能很重；負荷的輕或重會影響我們的進展，但我們向前邁進的時候，意識後台依舊背負著負荷，而意識後台的心智歷程，會佔掉我們很大一部份的心智容量（不管我們知不知道）。我們通常只會在背景的心智歷程或負荷停止或消失時，才會意識到它們的存在——就像我們空調設備停了，我們突然感受到一股輕鬆，才會意識到原來我們已從空調的低頻噪音當中解脫了。

所以這些後台的心智歷程是一種麻煩。雖然它們可以幫助我們達成某種目的，例如在試圖解決某個一直困擾著你、但你因故得先放一邊的難題，但它們也會帶給大腦負荷和負擔，嚴重影響我們的心智狀態、認知表現、創造力、解決問題的能力、享受周遭的能力，甚至是我們的心情。

複習一下先前提過的一個實驗，我們要求實驗參與者在進行自由聯想任務時，同時記住一串長的或一串短的數字，然後發現，實驗參與者在認知負荷較低時（只需要記住較短的數字串，如26），他們的創造力和原創性較高；在認知負荷較高時（需要記住較長的數字串，如4782941），他們的創造力和原創性較低。例如，如果要求實驗參與者以「鞋底」這個詞進行自由聯想，那麼，認知負荷高的實驗參與者通常會回答「鞋子」，而認知負荷低的實驗參與者則可能給出「嚼口香糖」的回答。這個發現對日常生活的意義是：大腦越是輕鬆自在，我們就越有創造力。

有趣的是：大腦滿載時，我們欣賞美的能力也會降低。「美的欣賞」需要注意力；投入越多注意力，就越能看見事物的美。＊我們會因為大腦當下的狀態，而對同一件雕塑作品感受到不同程度的美，而我們因為「忙碌」，已經錯過了太多的

＊已有人可能會說：我們同樣需要注意力才能感覺到痛，所以當我們需要面對痛苦時，「分心」就成了一件幸事。雖然我不知道這有沒有科學證據，但這可能是真的。不過我也猜，「痛苦」不同於「美」和「快樂」，痛苦是更重要的生存要素，因此，「痛苦」可以更強烈地引起你的注意。所以很不幸地，面對痛苦時想要分心，不會像在遇見美好事物時分心那麼容易。

美。

日常生活中，除了購物清單或複述電話號碼，還有哪些類型的活動會為大腦帶來心智負荷呢？有些活動會帶來沉重負荷，遠超過我們所知，思緒漫遊就是其中之一。我們幾乎總是在「思緒漫遊」，沒事要做的時候我們會去思緒漫遊，正在處理某項特定任務時我們的思緒也會盡可能利用任何資源去漫遊。不論你在想什麼、做什麼或是感受到什麼，你都不是一心一意的；你只是「部分地」去投入、去體會，因為你的思緒通常會有一大部分遊蕩在他處。正如我們先前討論過的，思緒漫遊有助於我們去計畫或做出基於模擬的決策，但過程中，也會分走一些我們用來處理手邊事務的精神資源。

同樣會為大腦帶來心智負荷的活動還有反芻性思考——包含臨床症狀（憂鬱症和焦慮症）和非臨床的狀況。反芻性思考時，大腦會重複且循環出現強烈且持續不斷的念頭，這個時候，我們體驗生活時所需要的精神資源被「反芻性思考」共用了，影響我們的體驗。

思緒漫遊和反芻性思考除了會影響我們當下的體驗，也會讓我們失去創造力，這些面向都是相互聯繫的，屬於「總體心智狀態」的一部份。我們可以利用這個發現，將「認知負荷」看成是另一種能操控心智狀態的方式，讓心智狀態移動到我們希望它處在的位置。當我們認知負荷較高時，創造力較低，此時我們的心智狀態比較封閉而狹隘，感知和注意力的範圍比較小（比較局部），想得比較窄，心情比較沒那麼正面，整體處在「利用式」的狀態。持續的反芻性思考會帶來沉重的精神負荷，所以憂鬱的人比較難有創造力。相反地，降低認知負荷因為能提升創造力，也能讓人更有探索精神、能擴大感知和思考的範圍，並改善心情。

我們希望通過「想得少一點」來減少後台的心理雜訊，但大腦似乎會不斷滋生出新的想法，這讓人聯想到我們的一個傾向：我們總是會想讓自己忙於某事。羅素（Bertrand Russell）在他那本不朽的經典名著《閒散頌》（In Praise of Idleness）一書中，詳細敘述了「閒散」的好處和相關歷史，但多數人會很努力地讓自己不斷保持在忙碌的狀態。我們沒辦法坐著不動，絕對要讓自己忙起來：修剪草坪、洗車，或找些事情來做——讓自己保持忙碌，覺得自己很有生產力。經濟學家約翰凱因斯（John Maynard Keynes）在一九三〇年寫了一篇文章，叫〈我們後代的經濟前景〉（Economic Possibilities for Our Grandchildren），他在文章中預言：未來我們每天只需要工作三小時就能滿足我們的所有需求；我們會擁有很先進，很有效率的技術，因此我們會多出許多時間，可以去做工作以外自己喜歡做的事。但如今的我們卻比以往任何時候都還要更加勤奮，裡裡外外都很忙碌——腦海中充斥著各種想法，每一天都被塞滿了各種活動。

有天傍晚我帶孩子去海灘玩，那時距離日落還有一小時，海灘上幾乎沒有其他人。海面平靜，微風宜人，帶來了地中海的清新氣息，只有我和孩子在那兒蹦蹦跳跳、嘻笑著。那一刻，我真的無法想像有什麼其他事物能帶給我如此接近天堂般的幸福。

但接下來，我覺得好像應該要拍幾張照片才對，於是我叫孩子擺好姿勢，拍了幾十張照片，而且每拍完一張立刻就傳給家裡的其他人。彷彿這樣還不夠讓似的，我們開始在海灘上撿起了貝殼——只撿幾個還不夠，我們還得去找個盒子來裝。好吧，搞到「撿貝殼」變成了一項任務，一項工作，任務是要把那盒子裝滿。我們忘記了大海、忘記了夕陽、忘記了一開始那種超脫人間的天堂般感受。所以，最初的完美感受有什麼問題？我們為什麼要將悠閒的快樂用各種活動填滿呢？

大腦也是這樣，它可以無止盡去想出很多亂七八糟的事情。我們說要「想得少一點」，不代表「完全不去想」。創造力是一項很複雜的工程，我們一方面要消除心理雜訊，好讓自己能利用一切可用資源去創造出新穎有用的想法，但另一方面又要進行一些聯想活化，讓思想去覆蓋記憶中的多個主題，好讓我們能去探索和發現。常有人誤以為創造力是與生俱來的天賦，要麼有，要麼沒有。但我們屢次看見鐵證，創造力可以被學習、被培養、被盡量放大。當然，練習創意思考或消除心理雜訊並不能讓我們變成達文西，但我們可以通過改變心智狀態在光譜上的位置，去顯著地提升我們的創造力。

到目前為止，我們已經知道要提升一個人的創造力，一個很有效的方式是去減少精神負荷、壓力和反芻性思考，但同樣也很有必要知道的是：有創造力和有探索精神、有好奇心一樣，都是我們的預設狀態，是我們生來就有的特質。「思緒漫遊」可以是浪費時間，也可以是創造力和探索力的泉源；這完全取決於我們的心智狀態。

創造力和好奇心

我們可以將創造力和好奇心視為一個實體的兩個面。「創造力」是以某種方式去創造出某種新穎有用的東西，「好奇心」則是以訊息收集為目的去投入注意力。「創造力」就像是某種傳遞過程，我們通過這個過程將我們想出的點子、解決方案和想法傳遞給世界，而且未必需要說出來，甚至也不用明確表達，總之，它們是我們想出來的、能與外界產生某種相關性的產物（例如和某個行動有關）。「好奇心」則是一種接受行為，是我們為了某些內在目的，而從世界中汲取訊息。

創造力和好奇心一個是向外產出，一個是向內傳遞，但兩者的調節機制是互有重疊的，會同步配合。創造力好的人，好奇心也強，反之亦然。兩者的動力來源都是想要尋求資訊：「好奇心」比較明顯；「創造力」比較間接一些，是神經元不遠千里地去尋求原創方案。創造力和好奇心同樣會受到「精神負荷」和「思想自由度」的影響，而「可用的精神資源」與「廣泛的思考和感知範圍」則對我們的精神負荷及思想自由度很重要。好消息是，大腦的預設是希望我們能處在具有創造力和好奇心的狀態；不太好的消息是，我們的生活經常會在我們默許同意下，干擾這個預設狀態。

我們先前提過「觀察想法」和減少混亂思緒、抑制背景雜訊、專注在重要事物等議題息息相關，現在，我們來談談「觀察想法」和「創造力」、「好奇心」之間的關係。不同於意識流式的想法（這種想法我們能完全意識到，甚至能在一定程度上去控制），我們在發想創意，或好奇某事物的時候，對此時大腦在想些什麼並不是很清楚，大部分的想法都是我們無法意識到的。在解決方案或「啊哈！」頓悟乍然出現之前，我們其實不太清楚大腦在想些什麼。如果我們想嘗試去觀察意識底下的「醞釀」歷程，再怎麼觀察也無法成功，因為這個歷程被我們的意識有意掩蓋了，所以並不是所有想法都能被觀察到。我們甚至很難去在事後談論自己的創作過程。不久前我看到一個採訪，訪問了一位非常有創意的電影導演，他電影的標誌特色就是具有高度原創及古怪元素。當他被問到是如何想出這些想法時，他的回答過程實在令人看不下去，可以看出來他顯然努力想說出一些驚人的啟發金句，描述他的思考歷程，但他失敗了。這也難怪，畢竟我們無法去意識到這個歷程，但我們仍渴望去做出解釋。

「抑制」和「思想上的推進」

有建設性的思緒漫遊、創意的思維、快樂的心情，全都仰賴一個共同特徵：**思想上的輕鬆推進**。我們的思考要廣、要遠、推進速度要快，才能最大程度地去擴大思緒能涵蓋到的語意範圍，這種思考模式和反芻性思考完全相反。我們希望思考活動要能有效推進：過程越順，我們越快樂。但不是想的越多越好，我們仍然會需要去控制思考歷程。「抑制」就是在此介入了我們的思考。

對認知神經科學家來說，大腦的「激發」（excitation）比「抑制」（inhibition）來得更加直觀。我們能比較直覺地去將「大腦運作」想像成是神經元、神經迴路、表徵、概念、文字話語、數字、情緒、動作、想法等受到激發。大腦的「激發」似乎可以跟「活化」劃上等號，而「抑制」則會給人抵抗、降低、減少的印象——感覺很沒勁兒。但實際的情況是：大腦的「抑制」和「激發」都同樣重要、同樣有建設性。「抑制」是一種修整、遏制、調節的力量。重要的是，大腦需要在激發和抑制之間取得平衡。

來看個例子。年歲漸長，我們漸漸學到很多「關聯」，例如枕頭會在床上、吸煙有害健康、蛇很危險、葡萄能釀酒、咖啡要搭牛奶、有椅子就會有桌子。大腦學到了這些統計規律性，也會如此去將它們表徵出來，所以，「椅子和桌子」、「枕頭和床」、「耳機和頭」之間的連結被建立了起來。這些連結都是概率性的，也就是說，並非每張床上都有枕頭，也許只有百分之八十五的狀況是這樣。同樣地，也並非所有耳機都戴在頭上，也許在我們遇到過的狀況中，只有百分之四十的狀況是如此。事物共同出現的機率，決定了它們在大腦中的連結程度，而連結程度又決定了它們能一同被活化的可能性，也就是當其中之一被活化，另一個也一同被活化的機率。這些共同活化的狀況，能讓我們對某個場景中預期會看到什麼做出預測。例如，當你知道你即將進入廚房，你會預期你有很高的機率看到水槽和瓦斯爐；看到咖啡機的機率比較低，看到鬆餅機的機率更低了（但還是有可能）。如果你看到一些你基於過去經驗不會期望看到的事物，像是武士刀，你可能會感到驚訝，甚至驚嚇，然後感到困惑。那些困惑，或者更廣泛地說，那些意想不到的事物，會促使我們去學習或更新我們對特定環境可能會看到的事物的表徵，那麼下次你再在廚房看到武士刀時，就不會那麼驚訝了。

現在，我們來談談關聯的聯想。枕頭讓你聯想到床，床讓你聯想到床單，床單讓你聯想到棉花，棉花讓你聯想到棉花田，棉花田又讓你聯想到「清水合唱團」（Creedence Clearwater Revival）唱過那首〈棉花田〉（Cotton Fields），但你可能不想要每次看到枕頭的時候都想起「清水合唱團」，兩者只在特定情境才相關。如果過度活化，不只會消耗許多不必要的神經能量，還會誤導你在明明沒有相關性的情況下去尋找相關性。我們必須要有辦法讓大腦知道：不要去活化那些關係太遠或不太相關的關聯；而「抑制」就是那個辦法。我們希望大腦能夠聯想，但不要過度聯想，應該控制在能帶來幫助的聯想程度。所以，當你在環境中看到某個物體，你的大腦會在「激發關聯」與「抑制關聯」之間拉鋸，最後，通常只有相關的關聯才會被活化，成為能為你所用的「預測」。

有一些有趣的例外，例如blow、stick、shot、crush、bank、bear、cut等英文單字，都擁有多種詞義的「同音異義詞」（cut估計就有七十種不同的詞義）。你的大腦不知道要去活化同音異義詞的哪些關聯，因為每個詞在每個句子中都有特定意思，通常會需要上下文的資訊來消除歧異，所以一開始，無關的詞義也會被活化，直到歧異消除、詞義被確認出來，才會去抑制那些無關的詞義。

另一個值得探討的有趣議題是：哪些情況最好能給予更多抑制，哪些情況則適合少給一點抑制。有了抑制，我們才能保守秘密、自我控制，以避免口無遮攔或說出不恰當的話，像是電影的法庭戲中看到的那樣，證人席上的證人在檢察官的詰問下崩潰吐露實情。壓力和認知負荷一樣，會消耗「抑制」所需要的精神資源。事實上，施加精神壓力，像是「給予時間壓力要求快速回應」——我們在實驗室將它稱為「回應時限」（response deadline）——會佔用掉更多整體精神資源（有點像是認知負荷增加的情況）。在緊張和壓力當中，我們的抑制能力會降低，因為我們需要精神資源去維持抑制，但這些資源現在被拿去處理壓力和精神負荷了。除此之外，我們原本在檢索記憶和行為選擇時會做的檢查和權衡保護也會減少，導致更容易出現非我們所願的脫逃狀況。

但在某些情境下，我們反而希望抑制越少越好，特別是在那些我們想具有創造力和好奇心的情境下。我們希望那些關係較遠的關聯和連結，能夠不受抑制地被活化。同樣地，你也不希望自己在探索時被抑制，而會傾向去維持在高度好奇的狀態。因此，我們的大腦有一些機制會去調節抑制的強度、維持「激發」與「抑制」之間的平衡，也就是去調配兩者的比例。不過，有很多狀況都可能會破壞這個平衡，好比說憂鬱、躁狂行為、睡眠剝奪和亢奮感，都會改變抑制程度。而酒精和藥物——儘管劑量很難界定且影響是短期的——也可能會降低抑制能力。

上週末我兒子納歐爾去了一個派對，我去接他回來。他生性嚴肅，是職業軍人，而且比我更加沉穩而有自制力，但他上車後，明顯能看出他在派對上喝多了，就在我準備跟他好好講講「喝酒」和「魯莽行為」時（雖然已經遲了），卻發現暈呼呼的他變成一個很有趣的人，說的話把後座的妹妹都逗樂了。於是我就不對他說教了。在某些狀況下，減少抑制能帶來更好的心情。

一個高度直覺的理論是：長大後，社會對我們的行為施加了越來越多抑制，在把我們薰化成文明人的同時，也讓我們變得比較沒創意、比較不快樂——用歐內斯特·沙克爾頓（Ernest Schachtel）的話來說就是：「維多利亞精神」壓制住了「波西米亞精神」[4]。

「抑制」來自大腦的各個區域及各種處理歷程，其中一個主要區域位於前額葉皮質。大腦之所以能控制，並做出各種應該要做出的執行決策，「抑制」是其中的關鍵，而且「抑制」對心情調節也很重要。前額葉皮質大約會在人類二十多歲時發展成熟，是人類大腦中最晚成熟的腦區。那些前額葉皮質尚未發育完成的孩子，通常也會更有創造力、更有好奇心，他們比較不會去抑制（例如他們會當面告訴你真相，或很快就交到新朋友），比較衝動，比較喜歡探索，也有比較好的心情。就像才華洋溢的已故唱作人維克·切斯納特（Vic Chesnutt）在〈遊行〉（Parade）這首歌的歌詞中寫道的：「十歲以上的每個人都在皺眉。」

「注意力不足過動症」也和「抑制」密切相關。人類會利用「控制訊號」去引導、限制和維持注意力，這些控制訊號由「激發」和「抑制」要素構成，會引導我們去注意視覺場景的某些區域，並忽略其他區域。如果將注意力範圍視為聚光燈，聚光內的事物會在激發作用下被增強，聚光燈外的事物則會在抑制作用下被壓制。注意力不足過動症的狀況是：抑制較少，所以聚光燈的邊界沒有那麼明確——有點像冥想靜修時導師希望我們去盡量做到的「分散式注意力」。這有好有壞。壞處是，過動症患者很容易分心、注意力比較不集中，也比較衝動；好處是，過動症患者比較有創造力，比較常有好心情，也比較有好奇心。

我們需要藉著抑制，去控制、引導注意力，並產生適當的預測，但這個要素同時也會降低我們的創造力、好奇心和探索精神。

無聊、放空和思緒漫遊

我活了這麼多年，有了足夠的信心，最棒的好處就是：我幾乎不會再讓自己忍受無聊。如果有任何會議、社交聚會或其他場合讓我感到無聊，我就會起身走人。如果不能走，我就會開始做自己的思想實驗。

「無聊」是很討厭又很神秘的情緒。無聊時，我們會覺得時間過得好漫長、好浪費生命、好沒有意義。為什麼「無聊」會如此難以忍受？這是個很有意思的問題。我在我第一次的靜修過後，開始認真思考「無聊」這個議題，我發現，如果我堵在車陣中或需要慢慢排隊，我會抓狂，那種狀態跟我靜修時的狀態完全不同。靜修時，我可以心平氣和地長時間坐在長椅上不做任何事情，等待晚餐的到來。難道僅僅是因為「情境」和「心智狀態」不同，就足以讓人對「無所事事的時光」有天堂地獄的差別感受？原因肯定不只如此。在為期一週的靜修冥想中，我們之所以能無止境地盯著地上的螞蟻，是因為感官被打開了，光是盯著某個事物瞧，我們就能獲得足夠刺激；感官如此敏銳時，我們不用再去什麼別的地方，而且一切事物看起來都會無比有趣。

除了靜修和現實世界的不同，還有個問題也很耐人尋味，那就是，為什麼有時候「無所事事的時光」可以成為偉大創意想法的跳板，有時候卻又會讓你滿腦子似乎只有一個想法：「天啊，這到底什麼時候才會結束？」為什麼「無聊」會帶給我們這些感受？這有很多可能的解釋，可以用沒耐心的個性去解釋，也可以用存在主義去解讀——存在主義認為這種無聊的感受和「我們經常會不想面對自己的想法，願意不計代價逃避自己的想法」有關。有些實驗甚至指出：人們寧願給自己來個小小的電擊（承受肉身的痛苦），也不願只是靜靜坐在一堵白色牆壁前5。「無聊感」就像是精神上的痛苦。

我們無聊時，會感覺時間幾乎沒在動，這也是我們痛苦時會有的感覺。這是種奇怪的狀態：我們什麼事情也沒做，但大腦卻似乎很「滿」，我們反覆思考著「虛無」。除此之外，無聊還會扼殺好奇心和創造力，這很耐人尋味，因為我們知道要有創造力和好奇心，大腦需要預留空曠可用的空間。所以，有些大腦的「空無」能滋生出創造力和好奇心，有些大腦的「空無」卻會令人難以忍受。科學家喜歡這種難題，因為這有助於開闢新領域。如果去歸納這種差異，想必能得出一些有趣的發現。不過伯特蘭．羅素所讚頌的「閒散」，顯然不是會讓我們感到無聊的無所事事。

我們區分出不同類型的「空無」，是因為我們想去了解「思想和內在世界會對體驗品質造成什麼影響」6。「閒散」狀態大致有三種可能：什麼都沒做，對此感到無聊（每個人對這種狀態的容忍程度不同）；什麼都不做，但對此感到平靜和放鬆（例如冥想靜修時，或在海灘上度假時）；什麼都不做，但廣泛地進行思緒漫遊，產出富有創意和建設性的想法。令人很感興趣的點是，在一些狀況下，無所事事能有利於我們進行思緒漫遊，但在其他狀況下，即使處在很相似的情境，大腦卻沒那麼機靈，即便你告訴自己：「好，既然被困在這裡，不如利用這段時間做白日夢，或幻想一些有趣的事」，大腦也沒反應。

乍看下來，似乎只有在我們「必須完成某項任務」的時候，我們特別會傾向思緒漫遊，有點像是在逃避當下必須做的事。但實際情況是，**「思緒漫遊」不在我們意識的控制範圍內，所以大腦有需求時（假使有可用資源），怎麼樣都會去漫遊。這種解釋支持了「思緒漫遊是有目的的」這種觀點，而思緒何時會漫遊、會漫遊到何處，並不是我們能去自主控制的。**思緒漫遊不由我們的意識決定，這也是為什麼我們很難按照自己的意願去阻止思緒漫遊；我們無法自主決定思緒漫遊何時開始、何時結束。

我們能做的，**是去了解潛意識如何替我們決定要或不要、為什麼，以及什麼時候會去思緒漫遊。**止念冥想時，我們其實是試圖去間接控制潛意識的運作，試圖讓思緒不要去漫遊，但我們採用的是溫柔、非強制的手段。潛意識會讓我們的思緒「針對某個想法」在意識頭腦中漫遊，我們擁抱這個意識想法，並繼續向前。我們沒有去對抗這個想法，而是接受它、觀察它。而在我們使用「想法標記」或其他方式去放下這個想法後，潛意識會送出另一個想法，然後同樣的流程會再次發生。因此，我們去清空思緒的行為，其實是去清空潛意識的思緒，直到潛意識不再送出新想法讓我們大腦去思緒漫遊。而如果是反過來的狀況——也就是，我們希望思緒能按照我們的意願，在我們想尋求新點子或純粹想以精神上的娛樂取代無聊狀態時去漫遊——我們需要做的是：不去忙於什麼任務，並保持正面的心情。

思維習慣

我們的思維習慣非常難改變，正如我們的行為習慣。習慣是人類演化出的一種巧妙機制，能夠讓我們將互動予以「自動化」，進而省下時間，幫助我們更好地活在這世上。我們先是學會某項技能，然後一次又一次反覆去做，不斷從錯誤中學習，然後精通了這項技能，接著大腦會開始將這個最初每一步都需要大量思考和注意力、由意識頭腦負責處理的技能或習慣，轉而指派給更加自動化的「潛意識頭腦」，讓我們可以在不打擾意識頭腦的狀況下做出相同的行為。技能被自動化之後，就成了一種習慣，可以自動執行，讓大腦釋出心智資源去做其他事情，例如去獲得新的體驗。

這些能在學習和練習過後「外包」給潛意識的技能，包括了做歐姆蛋、駕駛、辨識危險狀況、從無聊的聚會中規劃逃離路線等，使你可以直接跳到結尾，不需要去思考身體和注意力要如何操作，你只需要自動去做就好了。這也解釋了為什麼我們無法記起每日通勤的那一大段時間我們做了什麼——在那段時間裡，我們的意識頭腦沒有參與什麼處理歷程，所以思緒漫遊去了，也沒去注意潛意識頭腦在後台做了什麼。

這種精神上的自動駕駛，同樣也意味著無須經過太多意識思考，就做出心理操作。我們可以用乘法來類比：我們小時候，老師問「八乘以九」是多少，你必須很費勁才能回答出來，因為你的大腦實際上有在做計算。但慢慢地，計算反應自動化了，你能不假思索地回答出「七十二」。這種狀況比較不是把處理工作指派給潛意識，而比較像是通過某種聯想的心理捷徑，去協助你根據自身經驗直接找到最終答案；小時候曾經引導你去找到答案的「神經路徑」被一個「直接連結」取代了。

有些更複雜的心理挑戰也能在不經思考的情況下，通過後台的運作來解決——因為它們在經驗累積下已經自動化了，有時候我們會將它們稱為「直覺」。事實上，如果你是數學神童，老師問你如何得出正確答案，你可能無法把你的直覺正確地重構出來，這可能會令人相當沮喪；你可能得反向思考，重建一個解決方案，才能讓老師滿意。

但也許最惡名昭彰的思維習慣，就是**快速而膚淺的判斷**。人們說第一印象很難改變，是有原因的。如果這些第一印象是準確而真實的，那就還好，但事實並非如此。我們往往會基於很表面膚淺的訊息，就閃電般地快速對他人產生印象，即使後來看到反證，我們還是會繼續堅持最初有的那個印象很長一段時間。我們的大腦演化出了一項特質：利用統計規律性——也就是環境中事物以類似方式重複出現的規律性；我們知道會議室會有椅子，知道聚會上很可能會有飲料，去歌劇院時穿著要得體，我們也知道草莓醬的味道，以及餐具的用途。這是一件好事。想像一下，如果每次看到一張新椅子，你都必須重新學習「椅子」的概念，那人生可就沒完沒了了。所以，當我們遇到從前沒遇到過的事物時，大腦會問：「這看起來像什麼？」當你將那張新椅子，與記憶中分在「椅子」那個類別的記憶連結起來，就能立刻獲得大量的關聯和知識。你會知道它的功能，知道它用起來是什麼樣的，也可以想像出它出現在不同情境、預測有哪些事物往往也會和它一起出現等等。

這是很了不起、很強大，也非常有用的機制，但這種機制用在人際互動上，未必是好的。如果你剛認識了A，而他讓你想起了另一個人B，儘管你不想將B具備的特徵、記憶和態度投射在新認識的A身上，你還是不由自主這麼做了。每個人都是不同的個體，研究也已經證實我們實在很不擅長猜測一個新認識的人實際上是什麼樣子，但我們還是一直這麼做，因為這已經成為了一種習慣。這種習慣有利於我們辨識物體和環境，但卻不利於我們在缺乏資訊的情況下對他人做出評判。

我為了寫這本書，在美麗的以色列北部（加利爾的克里爾）找了間小屋，租了幾個月——那裡有大自然，有放養的跑山雞，沒有手機訊號。我要付第一筆租金時，還得催著那個嬉皮房東來拿走我的支票，他整體給人的印象是他很放鬆，想必也不怎麼在乎錢，這在某種程度上影響了我，導致我下個月要付租金時，態度變得相當隨意……我沒有認真看待他要我付房租的事情，直到他幾次提醒後，我才明白他是真的希望我付錢。我在很短的時間內就產生他不怎麼在乎錢的第一印象，然後這個印象就在我腦中生了根。我們只不過見過一次面，我就在腦中形成了一個「模板」，即使之後一再遇到與「模板」有衝突的反例，這個快速形成的第一印象還是很難被更新——不只是我，我們所有人都是如此。

我們習慣去快速生成各種印象，這不僅對人際互動是不公平的、有害的，還會讓我們無法以新奇視角去看待已知事物，享受那初見時的美妙樂趣。華特・佩特（Walter Pater）曾在他的《文藝復興：藝術與詩的研究》（The Renaissance: Studies in Art and Poetry）一書中，寫下令人驚詫的結尾：

哲學和思辨文化對人類精神的服務，是去喚醒它、驚醒它，讓生活充滿持續且熱切的觀察。無時無刻，都有某種形體在手中或眼前臻於完美；某個山頭或某片海域的色調勝過其餘所有；某種熾熱的心情、某種頓悟、某種思想上的激情，顯得無比真實動人，令人無法抗拒——只存在那一刻。體驗的結果不是目的，體驗本身才是。斑駁、戲劇性的人生，只能給予我們為數有限的悸動，我們如何才能從中看到唯有最敏銳的感官才能察覺到的一切？我們如何才能最迅速地從一個點移動到另一點，並始終存在那個以最純粹能量匯聚而成、擁有最大數量生命力的焦點之上？

始終與這猛烈的、寶玉般美好的火焰共燃，始終保持這種狂喜，這就是人生的勝利。在某種意義上，我們甚至可以說：我們的失敗在於養成「習慣」，因為——畢竟「習慣」和「刻板的世界」有關，而且只有「眼拙」才會覺得有任何兩個人、兩件事物、兩種情境看起來很像。

華特·佩特說：我們的失敗在於養成「習慣」。生命中沒有兩個相似的時刻，不會碰到兩個相似的人，沒有一朵花跟另一朵花是相像的，每一次的日落都不一樣。

我們的大腦和思緒會通過快速找到某事物「像什麼」的類比，來幫助我們省下處理資源，但同樣的這個「習慣機制」也會讓我們將個體事物視為「類別」，讓我們不能在每次享用法式甜點閃電泡芙的時候，都嚐出它的豐富層次。

科學家知道，要做出偉大突破，就必須摒除成見和舊有假設，像重新審視世界那樣，拋下我們的預期和自上而下的處理歷程。這就是為什麼我們應該要鼓勵新進人員說出自己的想法，他們經常能幫助我們從既有的專家思維桎梏中掙脫。回到以前的自己是最容易去做的事。這也是為什麼有這麼多人，像是禪宗的重要人物鈴木俊隆，會鼓勵我們所有人去努力培養初學者思維。「專家思維」雖然比較專業，卻比較固化和僵化；「初學者思維」反而能保有更多可能性。

從廣義的定義來看，我們的**性格特質**也是一種習慣。我們可以將性格特質視為「習慣（和傾向）的集合」，就像心智狀態那樣，但更加穩固而持久。性格特質是最難改變的習慣，一個人真的能輕易讓自己不內向，或向新體驗敞開心扉嗎？**渴望和執迷**也可以被視為思維習慣，我們知道它們有多難擺脫。還有一種有趣的思維習慣類型是**迷信信念和魔力信念**（magical thinking），這種思維習慣會傾向去看見不存在的關聯、因果關係和影響。要戒掉這些根深蒂固的思維習慣是很困難的，就像我們同樣很難讓自己開始節食、定期去健身房、戒菸、戒斷手機一樣。

思緒漫遊也是一種思維習慣，我們似乎阻止不了這種慣性的思考活動。不只新手冥想者，有經驗的冥想者也很難阻止，顯見要打破思維習慣有多麼困難。我們的大腦就是不想閒下來，當我們處理完一件事，大腦習慣忙碌的特性會驅使我們填入新的念頭，甚至是無趣的內容（像是注意到陌生人的一些無用細節）。我常在靜修時感受到這一點。我帶著各種想法去靜修，而當我處理完這些想法後，我的腦海中又會冒出許多和當下情境有關的各種局部小想法，像是前面女孩的包包、右邊男士的紋身。坐下來，然後什麼也不想——這到底能有多難？很難。就像是要求一個好動的孩子不要動，可他的好動天性不斷想驅使他動起來，而且周遭環境還充滿了各種令人興奮的物件、糖果、玩具等，全部都在召喚著他、要他去探索。

小結：要記住的五個點

第一，**如果你正在思緒漫遊（應該是天天如此），要注意「思想上的輕鬆推**

進」。想要改善心情、獲得更棒的想法，漫遊時最好範圍要廣、距離要遠、速度要快。

第二，思緒漫遊還有一個很棒的點：**讓我們從想像出的經歷中學習**。藉著在事前做一些想像，我們就能讓「做決定」和「可能的未來體驗」變得更加容易。

第三，我們的心智有很多不同的狀態。這些心智狀態是活躍的，涵蓋眾多精神面向的——包括感知、注意力、思考、開放性、情感等等；**不同的心智狀態適合不同的場合，而我們的任務是去盡量提高匹配度並盡量減少摩擦**。

第四，我們應該去**冥想**，哪怕只是為了更加了解我們的想法和不同的體驗品質。

第五，沉浸。正如華特．佩特所說：**體驗的結果不是目的，體驗本身才是**。

附錄　從實驗室到日常生活

我從事科學研究多年，而大部分的研究想法、發現和理論，都是由生活中的小事所觸發的，這些小事或者引起我的好奇心，或者看來古怪，或單純只是需要某種解釋和歸納。我希望我的研究成果能應用在日常生活中，所以我在附錄這裡列出一些研究成果，並搭配一些例子，大部分是來自我的個人經驗，還有一些是本書提到過的重點內容摘錄，大家可以考慮是否要應用在生活當中。

刻意的思緒漫遊

「思緒漫遊」是大腦的一項主要活動。雖然這項活動並不總是受人歡迎，好比說，當我們真的很需要完成手邊任務，又或者它會使我們陷入反芻性思考進而影響我們的心情時，我們會不樂於見到它，但如果能在正確時機去思緒漫遊，這其實會是一個寶貴的資源。我們如果發現自己在思緒漫遊，不應該為此感到內疚。思緒漫遊這個思維習慣可能是具創造力的，值得我們刻意分配出一些時間資源給它，而一旦我們投入時間資源，就應該充分利用。

模擬出的經歷，就可以幫助我們學習。我們記憶中有很多內容是基於實際經歷，也有部分記憶是我們想像出的經歷或模擬出的場景──我們不必為了從中學到教訓而實際去經歷，這是很棒的一件事。如果要我對「記憶機制」給出建議，我的建議也會是「讓那些想像出的場景也納入記憶當中」，但實際狀況本就如此。前陣子某次搭機途中，我開始研究起大腦是不是有可能將想像出的（但實際上從未發生過的）經歷儲存到記憶當中。當時我正在飛機上讀著一篇論文，然後我的思緒開始遊蕩起來，接著，我看到飛機逃生門，於是我開始模擬：如果這道門突然在飛行途中噴飛出去，該怎麼辦？那我會需要降落傘，可能可以用我腿上的飛機毯，但在強勁氣流中我無法抓住毯子，所以我會需要弄出一些破洞好讓我的手可以抓住，我可以用我的筆去弄出這些破洞……

我的模擬總是那麼異想天開、稀奇古怪，不過，我現在已經在記憶中存放了一個從「想像經歷」中得來的腳本，而如果「飛機逃生門突然在飛行途中打開」這個發生機率微乎其微的事件真的發生了，這個腳本就能幫上大忙。我們大腦經常如此運作，但可能會模擬比較有可能發生的情境。

引導我們的思緒，朝著對我有利的內容去漫遊。雖然我們無法真正要求我們的思緒要在漫遊時去想些什麼，但我們可以試著在充滿可能性的大腦空間裡，填滿自己希望思緒去漫遊時，會去思考的內容——不管是因為這能讓我們獲得新想法或心情變好，還是兼而有之。

現在每當我要走很長一段路，或者做一些沒那麼耗費心力的活動之前，我會先問自己現在在想什麼。如果我想的是剛才付的帳單或煩人的電子郵件，那我會試著去替換掉這些想法，換成一些我更希望自己在思緒漫遊時會去思考的內容。好比說，我可能會去重讀最近令我很感興趣的一段文字，或者，我可能會重新喚回某個我一直在想的問題，或在腦中「預熱一下」某個即將到來的旅程，好讓我可以在腦中模擬未來時進行細節微調。

有建設性的思緒漫遊，需要一個觸發條件。想要觸發最具創造力且最令人振奮的「思緒漫遊」，需要具備的條件是：手邊沒有什麼吃重任務要完成，並擁有正面心情。

思緒漫遊的範圍廣、距離遠、速度快，能誘發出好心情和創造力

達成思想上的輕鬆推進。有建設性的思緒漫遊、創意的思維、快樂的心情，全都仰賴一個共同特徵：思想上的輕鬆推進。我們的思考要廣、要遠、推進速度要快，才能最大程度地去擴大思緒能涵蓋到的語意範圍，這種思考模式和反芻性思考完全相反。我們希望思考活動要能有效推進：過程越順，我們越快樂。但不是想的

越多越好，我們仍然會需要去控制思考歷程。如今的我意識到這點，所以經常會去努力找出自己思考時會有的阻礙。

廣泛思考。我們如何思考會影響我們如何感受。思考模式本身（不管思考內容為何）可以直接影響我們的心情。我們早已知道另一個影響方向，也就是感受會影響思考——相較於心情不好的人，心情好的人更善於解決那些需要「洞見」和「頓悟」來解決的問題，也更容易在記憶中取得比較特別的資訊。不過，與我們的福祉更相關的則是另一個影響方向，也就是「思考會影響感受」：我們可望通過改變思想模式去改善心情。我們需要記住的是：廣泛的聯想思考有助於改善心情。我們實驗室通過廣泛聯想的單詞列表，成功拓寬了實驗參與者的思維並改善了他們心情，以下列出幾個列表範例：

- 毛巾→長袍→國王→女王→英格蘭→時鐘→鐘聲→教堂→十字架→墓地→墳墓→鮮花

- 番茄↓紅色↓血↓刀子↓叉子↓湯匙↓銀色↓硬幣↓25分硬幣↓停車收費器↓票↓警察
- 帳篷↓馬戲團↓大象↓花生↓花生醬↓果凍↓甜甜圈↓洞↓鏟子↓耙子↓葉子↓樹枝
- 電視↓書本↓書架↓壁櫥↓夾克↓手套↓帽子↓棒球帽↓棒球↓蝙蝠↓洞穴↓熊
- 牙齒↓舌頭↓肌肉↓槓鈴↓運動鞋↓腳↓腳趾↓指甲油↓棉花↓雲朵↓小鳥↓飛機

雖然我們無法強行規定自己要思考什麼內容，但我們可以改變思考的走向。我們可以觀察自己的思想模式，先看看自己是不是在反芻性思考，如果是的話，「有益的分心」和「想法標記」等策略可能可以派上用場，不過，即使我們沒有在反芻，我們可能也會偏好以比較廣泛的思考模式去思考，好讓自己獲得更棒的、更有原創性的想法，而要讓思考更加寬廣，我們首先可以去創建自己的廣泛聯想單詞列表，而在這麼做的同時，你也已經擴大了自己的思考範圍。

通過類似躁狂狀態的思考模式來改善心情。另一種改善心情的方法是「異常快速地閱讀文本」，這方法簡單到嚇人，就是盡可能快速地去閱讀你選擇的文本。你仍然需要去理解，但同時你會感到相當亢奮。快速閱讀會誘發出一種類似「躁狂」的狀態，這種狀態出了名的會讓人感到興奮愉悅。事實上，實驗參與者在快速閱讀之後，也表現出了「躁症」（mania）的其他特徵，像是主觀上覺得自己很有權力、很有創意，感覺自己精力旺盛等等。也許你也會有這種運氣。

盡量減少抑制。「抑制」會限制我們的思考速度、範圍和距離。簡單來說，壓抑的人比較容易患有情緒障礙症，比較不壓抑的人會比較有創意；抑制少，想法比較不會停滯。「冥想」對某些人而言已經被證實能有助於切斷一些自上而下的「抑制」影響，「沉浸」同樣也有幫助。或者，你也可以去尋找其他有助於減少「抑制」的環境和情境，但這就很個人了；你可以去找到適合自己的。

減少認知負荷。有多項任務去索取心智資源，可能會同時影響大腦的處理歷程和精神資源的可用性。如果你帶著兩個哭鬧的幼兒走在超市的通道上，你會沒有心力去探索，甚至沒能注意到貨架上擺出的新產品。當我們認知負荷較大時，創造力較低，意味著此時我們的心智狀態比較封閉而狹隘，感知和注意力的範圍比較小（比較局部）、想得比較窄、心情比較沒那麼正面，整體處在「利用式」的狀態。降低認知負荷則能提升創造力，讓人更有探索精神、擴大感知和思考範圍，並改善心情。當然，我們有實際的日常需求，所以並不總是能逃避認知負荷，但即便如此，如果能意識到自己處在比較侷限的狀態，將有助於引導我們去做最適合該狀態的活動。

心智狀態

「心智狀態」涵蓋眾多面向，涉及了我們精神生活的各個支柱，包含感知、注意力、思考、開放性、心情等等，因此，我們有很多「切入點」能讓我們去操控、將自己的心智狀態調整成最適合當下特定狀況的狀態。在不同情境下，各種面向都或多或少可以被改變。

有很多方法（或工具）都能幫助我「調校」自己的心智狀態，有些是我實驗室中常用的，有些是我應用到生活中的。我們可以藉由一個適合眼前情境的「切入點」去調整心智狀態，讓我們的狀態更偏向「廣泛而開放」，或者更偏向「狹隘而封閉」。

感知和注意力這兩個工具，既可以偏向「全局屬性」（看見並注意到「林」），也可以偏向「局部屬性」（看見並注意到「樹」），所以你可以從「以全局的角度檢視圖片」開始，去拓寬你的心智狀態，或者「仔細檢視圖片細節」，去讓自己的心智狀態變窄。

思考也可以幫助我們去拓寬心智狀態，或讓心智狀態的範圍變窄，而方法我們前述也都提過。可以參閱前面的章節。

開放性、對不確定性的容忍度、探索↓利用的偏向等，也同樣可以加以調整與改變，進而改變我們的心智狀態。例如尋找一個可以去探索的新環境、嘗試一道新菜、尋找會讓你感到不自在的許多其他事物等策略，都可能可以幫助你暫時改變自己對「不確定性」和「新奇事物」的態度。

最後，**心情**在某些情況下也可以被操控——即使只能很表面地控制住一小段時間，有時候，你只需要一個冰淇淋和一部好笑的電影就能做到。改變任何一個面向，也會帶動其他面向做出相應改變，然後所有面向會一起幫助我們將「總體的心智狀態」調整到更接近我們希望它所處在的位置。

一天中的時間段也是一個會影響我們處在「探索↔利用光譜」上哪個位置的因素。我們都希望早上喝到熟悉口味的咖啡，但我們大多數人卻都願意在午餐時去享用一道沒吃過的驚喜菜餚。當然，這因人而異，但意識到這點後，你就可以自行去實驗、去了解自己的「心智狀態」和「一天中的時間段」之間的相關性。

如果我們能熟悉上述這些能幫助我們判斷心智狀態的方法，將有助於我們在不同狀態下去優化自己要做的活動。例如，「正念冥想」就十分有助於我們去持續意識到自己應該要監控自己的精神狀態。我們可以利用「心智狀態」和「狀態操縱」

去提升我們的表現。例如，心情愉快時，你很難坐得住，所以你不適合在這種狀態下處理枯燥瑣事，而且你最好也要知道，在這種狀態下，你比較容易做出更加冒險的決定。但是這種狀態卻非常適合用來替某個問題想一個創新的解決方案。而最適合用來探索新領域而不焦慮的狀態，則是廣泛聯想思考時的狀態；也可以反過來——因為心智狀態中的各個面向是相互依存的，它們的互動是雙向的。

我會在自己處於「廣泛而開放」的心智狀態時，讓自己保持好心情，並善用這種心情狀態去做一些探索式活動，或讓思緒去漫遊，希望藉此想出一些工作上能採用的好的新點子。我也開始會在自己思緒不由自主漫遊起來時，予以尊重。但如果我陷入反芻性思考，我通常會設法打破這個魔咒。方法之一是，我會去尋找一個可以快速讓我沉浸其中的分心事物。久而久之，檢視自己的心智狀態就成了我的第二天性。而現在，如果我記得的話，我會有意識地觀察自己在體驗中的精神狀態，並選擇是要接著去觀察自己如何體驗（就像我剛開始上瑜珈課時那樣，好讓自己能進步），還是讓自己盡可能地沉浸其中。

「自上而下」還是「自下而上」？「自上而下」和「自下而上」的影響力佔比，決定了我們的心智狀態。我們現在已經知道，「自上而下的影響」來自記憶和過去經驗，而「自下而上的影響」來自我們感官傳遞出的與當下環境有關的訊息，因此我們就可以好好善用這些認知。這不是說我們可以完全控制這些影響因子，而是我們可以努力去讓自己持續留意到它們的差異，好讓自己可以在和孩子度假、和愛人約會、吃芒果或欣賞藝術時，試著去更重視自下而上的訊號，同時壓制住大腦內部既有的訊息。相對的，如果我們想要依靠熟悉事物來提高效率、增加確定性，就應該嘗試去更重視我們腦中已有的內在知識。而如果我們正在構思一個大的創意，像是要去創造一件新產品，我們會希望自己處在廣泛聯想的思緒漫遊模式。如今，我在花時間陪伴小女兒妮莉，還有她姊姊納迪婭、哥哥納歐爾時，已經更能沉浸在我們的相處體驗當中——儘管這永遠不夠。

對不確定性的容忍度。我們將事物分類，是為了將它們賦予意義，進而在主觀上感受到某種確定性，也就是：感覺自己知道現在正在發生什麼，而且一切盡在掌握之中。如果要在「將新事物融入舊模板」時不感到有壓力，就要能容忍不確定性，而對不確定性的容忍度，會在探索式的「心智狀態」中出現，在這種狀態下，我們的心態是開放的、好奇的、廣泛思考的、有創意的、有好心情的，就像孩子一樣。孩子挺幸運的，他們確實不怎麼在乎邊界——邊界、規則和類別等都與前額葉皮質有關，而孩子這塊腦區尚未發育成熟。想要模擬孩子的這種狀態，我們需要找到一種方法讓感官來主導。

改變之窗。能影響我們第一印象的「機會之窗」只會開啟極為短暫的時間。在新環境中，我們首先會短暫打開「探索之窗」讓我們可以去學習並創建一個新的模板，然後這個模板就會變得穩固而難以改變。很快，我們就會回到大腦預設的「利用狀態」，會去依賴剛才「探索之窗」短暫開啟時留給我們的印象。意識到這個有點令人沮喪的事實很重要。要去對抗這些「沒什麼根據基礎」的偏見絕非易事，但我們應該意識到並牢記的是：我們會根據很少的訊息就做出過多的判斷。

讓自己沉浸

「沉浸」是一種很不一樣的體驗方式，需要徹底改變視角、不思考、不思緒漫遊、不自我觀察，也不期待任何事物，就只是感受一切。

我強力推薦大家都應該定期在生活中抽出一些時間，讓自己擁有沉浸體驗。問問自己：最後一次你太過專注於某項活動，以至於你真的迷失在其中是什麼時候。安排出一些時間吧！讓自己再次奢侈地享有那種能全然沉浸或深刻感受的體驗，或去尋找一些新體驗。你有沒有好奇過，為什麼有人會為了去體驗一次山谷的高空飛索而花那麼多錢？嗯，不如去嘗試一下吧！你有沒有在拉斯維加斯體驗過瘋狂的「擴增實境」雲霄飛車，戴著能虛擬出外星人襲擊拉斯維加斯景象的頭盔？當然，最具生產力的「沉浸」形式，顯然是全心投入工作的那種。但其他沉浸體驗也絕非不重要，一旦你開始練習在刺激冒險中獲得沉浸體驗，那麼之後在沒那麼刺激的情境中，你也慢慢會能應用這種「沉浸」技能，讓你的體驗變得比以前更加刺激精彩。

科學家還是無法知道什麼條件能觸發自主的沉浸狀態，相關的心理學和神經科學研究才剛剛起步。但已經可以證實的是：我們在很大程度上能按照自己的心意，讓自己在「需要時」進入沉浸狀態。而在我有意去做的各種沉浸體驗中，我最喜歡的是陪伴孩子們的體驗。我會把手機放到一旁，身體前傾，張大眼睛和耳朵，讓自己沉浸在與孩子相處的時間裡。我為自己琢磨出一種「迷你冥想」，和一般冥想不同的是，我不是去專注在自己的呼吸並在走神時將注意力放回呼吸上，而是將注意力放回孩子身上。我從未想過和孩子一起玩芭比娃娃或做三明治能讓我這麼開心。可惜這種體驗不夠常有。當然，我們不能一天到晚忙著檢視自己的心智狀態，但我們可以學著提醒自己要更經常去這麼做。

冥思自己的想法

我不是在號召大家來冥想；我想表達的是：「冥想」對我有用，可能也會對你有用，但你未必需要冥想。「冥想」之所以會在此處被提及（也在這本書中被反覆提起），是因為「冥想」提供的一些方法原則，雖然不一定簡單，卻可以很直觀地在生活中實踐。

「冥想」之所以能帶來正念覺察的生活，有三大要素。第一項要素是**分散式注意力**，也就是對周遭環境的每一處、每件物品都分配相等的注意力；不偏頗，也不給予特殊對待。但我們肯定不希望注意力總是處在這種狀態，例如，當你在尋找你的車鑰匙、在人群中尋找你的朋友，或是在尋找冰上曲棍球的橡膠圓盤時，你會希望你的「注意力聚光燈」是很明確的、知道要去鎖定的可能位置和特徵。要更有概念的話，你還可以想想《沃爾多在哪裡》（Where's Waldo?）這本書要讀者在茫茫人海中尋找沃爾多這個特定人物的書。

另一方面，當我們不需要去特別尋找某樣東西，而且也有餘裕去觀察周遭景象時，我們會希望在這些時候，我們的「注意力聚光燈」能擴大聚焦範圍，最好是根本「沒有聚光燈」。環境中的一切事物都有可能令人感到有趣，所以在可能的情況下，我們會希望自己能敞開心扉去接收。

冥想能增加大腦覺察力的第二項要素是**關閉預期機制**。大腦的預設狀態是對事物做出預期——預期某件事會發生、預期某件事是好是壞、預期未來想要什麼，並根據我們的預期去判斷事物如何開展等等。「觀察自己正在進行的呼吸」是一種能減少自上而下的訊息介入，將你的身心帶回此時此地的技巧。回到此時此地的你會停止思考未來，也就不會去做出各種預期。而當你什麼都不預期，就會對即將發生的一切保持開放態度。

冥想能有效提升我們當下體驗品質的第三項要素是**對我們的想法、慾望和恐懼減少執著**。就我的經驗，最好的對抗方式是通過「想法標記」。雖然我的實驗室還在進行相關研究，但這個方法已經是可以採用的了。你可以檢視某個佔據你腦中的特定想法，然後從不同面向進行標記——它會引發正面的、負面的，還是中性的情緒？它是關於過去、現在還是未來？它跟自己還是他人有關，還是兩者兼具？所以，如果你想到的是昨晚看的電影的悲傷結局，這個想法會被標記為「負面」、「過去」、「他人」；如果你想到的是女兒即將離開兩個月去旅行，這個想法會被標記為「負面」、「未來」、「自己」。（你也可以考慮其他面向。）你就這樣去標記想法，而一旦完成標記，想法就會開始從你的腦海中消失。所以，如果腦中閃過「擔憂」該怎麼辦呢？承認並標記它們，然後將注意力放到新的想法上。

初學者思維。科學家知道，要做出偉大突破，就必須摒除成見和舊有假設，像重新審視世界那樣，拋下我們的預期和自上而下的思考歷程。這就是為什麼我們應該鼓勵新來的人說出自己的想法；他們經常能幫助我們從既有的專家思維桎梏中掙脫。回到以前的自己是最容易去做的事。「初學者思維」能保有更多可能性。

其他事項

精神唾液。我們常利用「心理模擬」讓某些事情看起來更有可能發生，我把這個過程稱為「精神唾液」。好比說，躺在沙發上的你無法集中精力坐回電腦前，也不想去購物、上健身房。此時，以購買食品雜貨為例，你開始仔細想像接下來會發生什麼：你列出購物清單，將環保購物袋帶在身上，預想等下停車的地點是哪裡，要走過哪些購物走道，以及它們在你記憶中是陳列哪些貨品，想到你走出店門時會買的花，以及回到家的那一刻會有的成就感。然後突然間，整個體驗突然變得觸手可及，橫在你和「離開沙發」之間的緩衝和阻礙似乎消失了。但我們別拿這個方法來對抗拖延，因為我相信「拖延」通常能有助於我們達到某種目的，特別是「創意醞釀」，所以不是每次拖延時我們都要去對抗。

打破「慣例」和「邊界」。我在前面講過我朋友買花的故事。當花店的人告訴他這兩種花不搭，他回說：「把它們捆在一起，它們就會搭了。」我喜歡在生活中故意去改變邊界，在不同的十字路口抉擇著是要做「我想做的」還是「我被期待去做的」，權衡著在此時若是「嚴格遵守」或者「彈性看待」我們分類時所用的邊界的話，分別會有哪些優缺點。我朋友買花的故事讓我學到了寶貴的一課：有些事情在我們遇到之前看似不可能，或無法預測它的可能，但一旦遇到了，就會從不可能變成可能。一旦熟悉了「怪異」，「怪異」就成了「正常」。

通過分享來緩解。光是向他人訴說你心裡某種痛苦的想法或令人恐懼的擔憂，就足以緩解它會帶來的絕大多數痛苦。不管是和他人對談、和自己對談，還是將想法或擔憂寫在紙上，你都會很驚喜地發現到：這些方法可以解決大多數日常生活中會遇到的小問題。

考慮「示能性」。你眼前的物品，能在多少程度上去誘發出某個特定行動？這個原則可以作為設計的指導原則，應用在建築、廣告、產品設計等。我擔任企業顧問的時候都會強調：產品設計需要讓潛在消費者能輕易想像或模擬出自己正在使用那個產品，因此設計上，應該要能清楚呈現出產品預期的操作方式。如果產品是清潔劑，設計上就要能幫助人們看到自己正拿著清潔工具的握把倒入清潔劑。你會希望消費者盡可能想像出那個情景的細節，去刺激出前述提過的「精神唾液」，好讓這個情景顯得更加具有說服力。

當我要嘗試去說服我的孩子或其他人去選擇某條路時，也同樣會這麼做；我會盡可能把每一步都說得足夠具體，好讓他們能去模擬。我們越能在「想像出的活動」中看見自己，就會越篤定、越能去做出決定。最後，我衷心盼望各方能做出適當的心理模擬，為中東地區帶來和平。

總的來說，主要會去阻礙我們充分體驗生活的障礙是「自上而下的處理歷程」、「精神負荷」和「未能進入沉浸狀態」這三者。看完本書，你現在已經有了更好的方法去應對了。

註釋

導言

1. See Matthew A. Killingsworth and Daniel T. Gilbert, “A Wandering Mind Is an Unhappy Mind,” Science (November 12, 2010): 932.
2. Moshe Bar, “Visual Objects in Context,” Nature Reviews Neuroscience 5 (2004): 617–629, https://doi.org/10.1038/nrn1476.

第一章

1. Marcus E. Raichle, “The Brain’s Default Mode Network,” Annual Review of Neuroscience 38, no. 1 (2015): 433–447.
2. Rotem Botvinik-Nezer et al., “Variability in the Analysis of a Single Neuroimaging Dataset by Many Teams,” Nature 582 (2020): 84–88, https://doi.org/10.1038/s41586-020-2314-9.

第二章

1. Marion Milner, A Life of One’s Own (London: Routledge, 2011). 9780306925306-text.indd 227 11/10/21 5:48 PM
2. Ulric Neisser and Robert Becklen, “Selective Looking: Attending to Visually Specified Events,” Cognitive Psychology 7, no. 4 (1975): 480–494.
3. Sarah N. Garfinkel and Hugo D. Critchley, “Threat and the Body: How the Heart Supports Fear Processing,” Trends in Cognitive Sciences 20, no. 1 (2016): 34–46.
4. Walter A. Brown, “Placebo as a Treatment for Depression,” Neuropsychopharmacology 10 (1994): 265–269, https://doi.org/10.1038/npp.1994.53.
5. Slavenka Kam-Hansen et al., “Altered Placebo and Drug Labeling Changes the Outcome of Episodic Migraine Attacks,” Science Translational

Medicine 6, no. 218 (2014): 218ra5.
6. Wen Ten et al., "Creativity in Children with ADHD: Effects of Medication and Comparisons with Normal Peers," Psychiatry Research 284 (February 2020): https://doi.org/10.1016/j.psychres.2019.112680.

第三章

1. See, for example, how interfering with the normal operation of the prefrontal cortex elicits odd outcomes such as becoming inappropriately generous: Leonardo Christov-Moore et al., "Increasing Generosity by Disrupting Prefrontal Cortex," Social Neuroscience 12, no. 2 (2017): 174–181, https://doi.org/10.1080/17470919.2016.1154105.
2. Esther H. H. Keulers and Lisa M. Jonkman, "Mind Wandering in Children: Examining Task-Unrelated Thoughts in Computerized Tasks and a Classroom Lesson, and the Association with Different Executive Functions," Journal of Experimental Child Psychology 179 (2019): 276–290, https://doi.org/10.1016/j.jecp.2018.11.013.
3. Jerome L. Singer, The Inner World of Daydreaming (New York: Harper & Row, 1975).
4. Erin C. Westgate et al., "What Makes Thinking for Pleasure Pleasurable? Emotion," advance online publication (2021), https://doi.org/10.1037/emo0000941.
5. Benjamin Baird et al., "Inspired by Distraction: Mind Wandering Facilitates Creative Incubation," Psychological Science 23, no. 10 (2012): 1117–1122, https://doi.org/10.1177/0956797612446024.
6. Malia F. Mason et al., "Wandering Minds: The Default Network and Stimulus-Independent Thought," Science 315, no. 5810 (2007): 393–395, https://doi.org/10.1126/science.1131295.

第四章

1. Plutarch, "Theseus (23.1)," Internet Classics Archive, http://classics.mit.edu/Plutarch/theseus.html.
2. Christopher G. Davey, Jesus Pujol, and Ben J. Harrison, "Mapping the Self in the Brain's Default Mode Network," NeuroImage 132 (2016): 390–397, https://doi.org/10.1016/j.neuroimage.2016.02.022.
3. Silvio Ionta et al., "The Brain Network Reflecting Bodily Self-Consciousness: A Functional Connectivity Study," Social Cognitive and Affective

Neuroscience 9, no. 12 (2014): 1904–1913, https://doi.org/10.1093/scan/nst185.

4. Aviva Berkovich-Ohana, Joseph Glicksohn, and Abraham Goldstein, "Mindfulness-Induced Changes in Gamma Band Activity: Implications for the Default Mode Network, Self-Reference and Attention," Clinical Neurophysiology 123, no. 4 (2012): 700–710, https://doi.org/10.1016/j.clinph.2011.07.048.

5. Ethan Kross, Chatter: The Voice in Our Head, Why It Matters, and How to Harness It (New York: Crown, 2021); Charles Fernyhough, The Voices Within: The History and Science of How We Talk to Ourselves (New York: Basic Books, 2016); Michael S. Gazzaniga, Who's in Charge? Free Will and the Science of the Brain (New York: HarperCollins, 2011).

6. Ben Alderson-Day and Charles Fernyhough, "Inner Speech: Development, Cognitive Functions, Phenomenology, and Neurobiology," Psychological Bulletin 141, no. 5 (2015): 931–965, http://dx.doi.org/10.1037/bul0000021.

第五章

1. Chet C. Sherwood, Francys Subiaul, and Tadeusz W. Zawidzki, "A Natural History of the Human Mind: Tracing Evolutionary Changes in Brain and Cognition," Journal of Anatomy 212, no. 4 (2008): 426–454, https://doi.org/10.1111/j.1469-7580.2008.00868.x; Louise Barrett, Peter Henzi, and Drew Rendall, "Social Brains, Simple Minds: Does Social Complexity Really Require Cognitive Complexity?," Philosophical Transactions of the Royal Society B Biological Sciences 362, no. 1480 (2007): 561–575, https://doi.org/10.1098/rstb.2006.1995.

2. Benjamin Baird et al., "Inspired by Distraction: Mind Wandering Facilitates Creative Incubation," Psychological Science 23, no. 10 (2012): 1117–1122, https://doi.org/10.1177/0956797612446024.

3. R. Nathan Spreng and Cheryl L. Grady, "Patterns of Brain Activity Supporting Autobiographical Memory, Prospection, and Theory of Mind, and Their Relationship to the Default Mode Network," Journal of Cognitive Neuroscience 22, no. 6 (2010): 1112–1123, https://doi.org/10.1162/jocn.2009.2128.

4. Veronica V. Galván, Rosa S. Vessal, and Matthew T. Golley, "The Effects of Cell Phone Conversations on the Attention and Memory of Bystanders," PLoS One 8, no. 3 (2013), https://doi.org/10.1371/journal.pone.0058579.

5. Moshe Bar, Maital Neta, and Heather Linz, "Very First Impressions," Emotion 6, no. 2 (2006): 269–278, https://doi.org/10.1037/1528-3542.6.2.269.

6. Charles C. Ballew and Alexander Todorov, "Predicting Political Elections from Rapid and Unreflective Face Judgments," Proceedings of the

National Academy of Sciences 104, no. 46 (2007): 17948–17953, https://doi.org/10.1073/pnas.0705435104.

第六章

1. Moshe Bar and Shimon Ullman, "Spatial Context in Recognition," Perception 25, no. 3 (1996): 343–352, https://doi.org/10.1068/p250343.
2. Moshe Bar et al., "The Units of Thought," Hippocampus 17, no. 6 (2007): 420–428.
3. Lien B. Pham and Shelley E. Taylor, "From Thought to Action: Effects of Process- Versus Outcome-Based Mental Simulations on Performance," Personality and Social Psychology Bulletin 25, no. 2 (1999): 250–260, https://doi.org/10.1177/0146167299025002010.
4. Sonal Arora et al., "Mental Practice: Effective Stress Management Training for Novice Surgeons," Journal of the American College of Surgeons 212, no. 2 (2011): 225–233, https://doi.org/10.1016/j.jamcollsurg.2010.09.025.
5. A. M. Pedersen et al., "Saliva and Gastrointestinal Functions of Taste, Mastication, Swallowing and Digestion," Oral Diseases 8, no. 3 (2002): 117–129, https://doi.org/10.1034/j.1601-0825.2002.02851.x.

第七章

1. Moshe Bar, "The Proactive Brain: Using Analogies and Associations to Generate Predictions," Trends in Cognitive Sciences 11, no. 7 (2007): 280–289.
2. David Marr, Vision: A Computational Investigation into the Human Representation and Processing of Visual Information (San Francisco: W. H. Freeman, 1982).
3. Moshe Bar, "Visual Objects in Context," Nature Reviews Neuroscience 5 (2004): 617–629, https://doi.org/10.1038/nrn1476.
4. R. Schvaneveldt, D. Meyer, and C. Becker, "Lexical Ambiguity, Semantic Context, and Visual Word Recognition," Journal of Experimental Psychology: Human Perception and Performance 2, no. 2 (1976): 243–256, https://doi.org/10.1037/0096-1523.2.2.243.
5. Maital Neta and Paul J. Whalen, "The Primacy of Negative Interpretations When Resolving the Valence of Ambiguous Facial Expressions," Psychological Science 21, no. 7 (2010): 901–907, https://doi.org/10.1177/0956797610373934.
6. Immanuel Kant, Prolegomena to Any Future Metaphysics, trans. James W. Ellington, 2nd ed. (Indianapolis: Hackett, 2001), §32.
7. R. von der Heydt, E. Peterhans, and G. Baumgartner, "Illusory Contours and Cortical Neuron Responses," Science 224, no. 4654 (1984): 1260–

1262, https://doi.org/10.1126/science.6539501; Benjamin de Haas and Dietrich Samuel Schwarzkopf, "Spatially Selective Responses to Kanizsa and Occlusion Stimuli in Human Visual Cortex," Scientific Reports 8, no. 611 (2018), https://doi.org/10.1038/s41598-017-19121-z.

第八章

1. Andrea J. Stone, Images from the Underworld: Naj Tunich and the Tradition of Maya Cave Painting (Austin: University of Texas Press, 1995), 10–11.
2. Alan W. Watts, The Wisdom of Insecurity: A Message for an Age of Anxiety (New York: Pantheon Books, 1951), 102.
3. Y. Afiki and M. Bar, "Our Need for Associative Coherence," Humanities and Social Sciences Communications 7, no. 80 (2020), https://doi.org/10.1057/s41599-020-00577-w.
4. Moshe Bar and Maital Neta, "Humans Prefer Curved Visual Objects," Psychological Science 17, no. 8 (2006): 645–648, https://doi.org/10.1111/j.1467-9280.2006.01759.x.
5. Avishag Shemesh et al., "Affective Response to Architecture: Investigating Human Reaction to Spaces with Different Geometry," Architectural Science Review 60, no. 2 (2017): 116–125, https://doi.org/10.1080/00038628.2016.1266597.

第九章

1. Moshe Bar et al., "The Units of Thought," Hippocampus 17, no. 6 (2007): 420–428.
2. Eiran Vadim Harel et al., "Linking Major Depression and the Neural Substrates of Associative Processing," Cognitive, Affective & Behavioral Neuroscience 16, no. 6 (2016): 1017–1026.
3. Wendy Treynor, Richard Gonzalez, and Susan Nolen-Hoeksema, "Rumination Reconsidered: A Psychometric Analysis," Cognitive Therapy and Research 27 (2003): 247–259, https://doi.org/10.1023/A:1023910315561.
4. Shira Baror and Moshe Bar, "Associative Activation and Its Relation to Exploration and Exploitation in the Brain," Psychological Science 27, no. 6 (2016): 776–789, https://doi.org/10.1177/0956797616634487.
5. Vadim Axelrod et al., "Increasing Propensity to Mind-Wander with Transcranial Direct Current Stimulation," Proceedings of the National Academy of Sciences of the United States of America 112, no. 11 (2015): 3314–3319, https://doi.org/10.1073/pnas.1421435112.

6. Malia F. Mason and Moshe Bar, "The Effect of Mental Progression on Mood," Journal of Experimental Psychology: General 141, no. 2 (2012): 217.
7. Emily Pronin and Daniel M. Wegner, "Manic Thinking: Independent Effects of Thought Speed and Thought Content on Mood," Psychological Science 17, no. 9 (2006): 807–813, https://doi.org/10.1111/j.1467-9280.2006.01786.x.
8. P. S. Eriksson et al., "Neurogenesis in the Adult Human Hippocampus," Nature Medicine 4 (1998): 1313–1317, https://doi.org/10.1038/3305.
9. Luca Santarelli et al., "Requirement of Hippocampal Neurogenesis for the Behavioral Effects of Antidepressants," Science 301, no. 5634 (2003): 805–809; Alexis S. Hill, Amar Sahay, and René Hen, "Increasing Adult Hippocampal Neurogenesis Is Sufficient to Reduce Anxiety and Depression-Like Behaviors," Neuropsychopharmacology 40, no. 10 (2015): 2368–2378, https://doi.org/10.1038/npp.2015.85.
10. Laura Micheli et al., "Depression and Adult Neurogenesis: Positive Effects of the Antidepressant Fluoxetine and of Physical Exercise," Brain Research Bulletin 143 (2018): 181–193, https://doi.org/10.1016/j.brainresbull.2018.09.002; Savita Malhotra and Swapnajeet Sahoo, "Rebuilding the Brain with Psychotherapy," Indian Journal of Psychiatry 59, no. 4 (2017): 411–419, https://doi.org/10.4103/0019-5545.217299.
11. Thomas Berger et al., "Adult Hippocampal Neurogenesis in Major Depressive Disorder and Alzheimer's Disease," Trends in Molecular Medicine 26, no. 9 (2020): 803–818, https://doi.org/10.1016/j.molmed.2020.03.010.
12. https://jeanlouisnortier.wordpress.com/2020/05/18/word-phrase-of-the-day-with-its-origin-monday-18th-may/.

第十章

1. Britta K. Hölzel et al., "Mindfulness Practice Leads to Increases in Regional Brain Gray Matter Density," Psychiatry Research 191, no. 1 (2011): 36–43, https://doi.org/10.1016/j.pscychresns.2010.08.006.
2. Sharon Jones, Burn After Writing (New York: Perigree, 2014).
3. Verónica Pérez-Rosas et al., "Deception Detection Using Real-Life Trial Data," ICMI '15: Proceedings of the 2015 ACM on International Conference on Multimodal Interaction (November 2015): 59–66.
4. Michael L. Slepian, Jinseok S. Chun, and Malia F. Mason, "The Experience of Secrecy," Journal of Personality and Social Psychology 113, no. 1 (2017): 1–33, https://doi.org/10.1037/pspa0000085.
5. Judson A. Brewer et al., "Meditation Experience Is Associated with Differences in Default Mode Network Activity and Connectivity," Proceedings of the National Academy of Sciences 108, no. 50 (2011): 20254–20259, https://doi.org/10.1073/pnas.1112029108.

6. Richard J. Davidson et al., "Alterations in Brain and Immune Function Produced by Mindfulness Meditation," Psychosomatic Medicine 65, no. 4 (2003): 564–570, https://doi.org/10.1097/01.PSY.0000077505.67574.E3.
7. Antoine Lutz et al., "Regulation of the Neural Circuitry of Emotion by Compassion Meditation: Effects of Meditative Expertise," PLoS One 3, no. 3 (2008): https://doi.org/10.1371/journal.pone.0001897.

第十一章

1. William Blake, The Marriage of Heaven and Hell (New York: Dover, 1994), 42.
2. Joseph Glicksohn and Aviva Berkovich-Ohana, "Absorption, Immersion, and Consciousness," in Video Game Play and Consciousness, ed. Jayne Gackenbach, 83–99 (Hauppauge, NY: Nova Science, 2012).
3. A. Tellegen and G. Atkinson, "Openness to Absorbing and Self-Altering Experiences ('Absorption'), a Trait Related to Hypnotic Susceptibility," Journal of Abnormal Psychology 83, no. 3 (1974): 268–277, https://doi.org/10.1037/h0036681.
4. David Weibel, Bartholomäus Wissmath, and Fred W. Mast, "Immersion in Mediated Environments: The Role of Personality Traits," Cyberpsychology, Behavior and Social Networking 13, no. 3 (2010): 251–256, https://doi.org/10.1089/cyber.2009.0171.
5. Joseph Glicksohn, "Absorption, Hallucinations, and the Continuum Hypothesis," Behavioral and Brain Sciences 27, no. 6 (2004): 793–794, https://doi.org/10.1017/S0140525X04280189; Cherise Rosen et al., "Immersion in Altered Experience: An Investigation of the Relationship Between Absorption and Psychopathology," Consciousness and Cognition 49 (March 2017): 215–226, https://doi.org/10.1016/j.concog.2017.01.015.
6. Michiel van Elk et al., "The Neural Correlates of the Awe Experience: Reduced Default Mode Network Activity During Feelings of Awe," Human Brain Mapping 40, no. 12 (2019): 3561–3574, https://doi.org/10.1002/hbm.24616.
7. Mihaly Csikszentmihalyi, Flow: The Psychology of Optimal Experience, 6th ed. (New York: Harper & Row, 1990).
8. M. F. Kaplan and E. Singer, "Dogmatism and Sensory Alienation: An Empirical Investigation," Journal of Consulting Psychology 27, no. 6 (1963): 486–491, https://doi.org/10.1037/h0042057; Haylie L. Miller and Nicoleta L. Bugnariu, "Level of Immersion in Virtual Environments Impacts the Ability to Assess and Teach Social Skills in Autism Spectrum Disorder," Cyberpsychology, Behavior and Social Networking 19, no. 4 (2016): 246–256, https://doi.org/10.1089/cyber.2014.0682.

第十二章

1. Noa Herz, Shira Baror, and Moshe Bar, "Overarching States of Mind," Trends in Cognitive Sciences 24, no. 3 (2020): 184–199, https://doi.org/10.1016/j.tics.2019.12.015.
2. W. H. Murray, The Scottish Himalayan Expedition (London: J. M. Dent & Sons, 1951), 6–7.
3. Alexei J. Dawes et al., "A Cognitive Profile of Multi-sensory Imagery, Memory and Dreaming in Aphantasia," Scientific Reports 10, no. 10022 (2020), https://doi.org/10.1038/s41598-020-65705-7.
4. Ernest G. Schachtel, Metamorphosis: On the Conflict of Human Development and the Development of Creativity (New York: Routledge, 2001).
5. Timothy D. Wilson et al., "Social Psychology. Just Think: The Challenges of the Disengaged Mind," Science 345, no. 6192 (2014): 75–77, https://doi.org/10.1126/science.1250830.
6. Not to be confused with the Buddhist concept of Emptiness, which pertains more to the detachment from the self and from prejudices and other top-down distortions of perception.

國家圖書館出版品預行編目資料

開始分心,就是快要變強了:哈佛醫學院的「思緒漫遊」講座,如何用分心提升思想的廣度與創造力,還能使心情平靜而愉快/墨實.巴爾(Moshe Bar)作;李婉如譯. -- 初版. -- 臺北市:遠流出版事業股份有限公司, 2023.02 面; 公分
譯自:Mindwandering : how your constant mental drift can improve your mood and boost your creativity
ISBN 978-957-32-9917-2(平裝)

1.CST: 認知心理學 2.CST: 注意力 3.CST: 成功法

176.32 111020033

■開始分心，就是快要變強了：哈佛醫學院的「思緒漫遊」講座，如何用分心提升思想的廣度與創造力，還能使心情平靜而愉快■ MINDWANDERING How Your Constant Mental Drift Can Improve Your Mood and Boost Your Creativity ■作者 / 墨實・巴爾博士（Moshe Bar PhD）■譯者 / 李婉如■行銷企畫 / 劉妍伶■責任編輯 / 陳希林■封面設計 / 周家瑤■內文構成 /6 宅貓■發行人 / 王榮文■出版發行 / 遠流出版事業股份有限公司■地址 /104005 臺北市中山區中山北路一段 11 號 13 樓■客服電話 02-2571-0297 ■傳真 /02-2571-0197 ■郵撥 /0189456-1 ■著作權顧問 / 蕭雄淋律師■ 2022 年 12 月 01 日■初版一刷■定價 / 平裝新台幣 420 元（如有缺頁或破損，請寄回更換）■有著作權・侵害必究 /Printed in Taiwan ■ ISBN：978-957-32-9917-2 ■遠流博識網 http://www.ylib.com ■ E-mail: ylib@ylib.com